# 천재의 법칙

내 안의 잠재력을 깨우는 끈기와 몰입의 힘

# 천재의 법칙

김병완 지음

저녁달

## 천재는 위대한 도약을 한 평범한 사람이다

로마의 시스티나 성당 천장을 올려다보면, 미켈란젤로의 〈천지창조〉가 눈앞에 펼쳐진다. 누구나 그 장면 앞에서 숨을 죽이고 생각한다.

'천재는 역시 우리와 다르겠지? 처음부터 특별한 재능을 타고난 걸까? 아니면 특별한 사고방식과 노력을 통해 위대한 인물로 성장한 걸까?'

이 책은 바로 그 질문에 도전한다. 우리가 '천재'라고 부르는 사람들은 과연 무엇이 달랐을까? 그들의 사고방식, 노력, 환경은 어떻게 달랐을까? 우리도 그 방식을 따르면 능력을 키울 수 있을까?

우리는 언제 황금빛 사자가 되는가? 우리의 평범함 속에 감추어진 위대함의 씨앗은 어느 때 발아하게 되는가? 언제 우리는 그 시점을 계기로 과거의 그 사람이 아닌 전혀 다른 사람으로 다시 태어나게 되는가?

구본형 작가의 책 『깊은 인생』 서두에 나오는 말이다. 우리는 흔히 천재를 신화적인 존재로 여긴다. 하지만 그들의 삶을 깊이 들여다보면, 그들 역시 시행착오를 거듭하며 성장한 평범한 인간이었다. 이 책은 천재의 '비범함'이 아니라 '평범함'에 집중하고, 역사 속 천재들을 연구하며 발견한 놀라운 공통점을 소개하고자 한다.

그 공통점은 단 하나의 법칙으로 압축되는데, 바로 앞으로 자세히 소개할 '1%의 법칙'이다. 우리가 천재라 부르는 작가, 화가, 음악가, 학자 들은 수많은 작품을 남겼다. 하지만 그들조차도 세계적인 걸작으로 평가받는 작품은 단 1%에 불과했다. 나머지 99%는 평범한 수준이거나 심지어 졸작이었다.

천재들도 수많은 실패 속에서 끊임없이 시도했고, 그 결과 극소수의 걸작을 만들어냈다. 그렇다면 천재와 평범한 사람의 차이는 무엇일까?

사람들은 창의성이 타고난 재능에서 비롯된다고 생각한다. 하지만 1%의 법칙이 강조하는 핵심은 정반대다. 창의적인 성과를 결정하는 가장 중요한 요소는 바로 생산성, 즉 '양'이다. 창의력은 영감이 아니라, 다량의 작업을 반복하는 과정에서 우연히 얻게 되는 부산물일 가능성이 높다.

여기서 공장의 기계와 인간의 차이가 명확하게 드러난다. 공장에서 제품을 생산할 때, 동일한 품질의 제품이 꾸준히 나온다. 오늘이든 5년 후든 10년 후든 생산 라인이 바뀌지 않는 한 결과물은 일정하다. 하지만 인간은 다르다. 100번째 작품과 1,000번째 작품의 수준은 근본적으로 달라진다. 시간과 반복 속에서 기술이 정교해지고, 창의성이 누적된다.

인간은 모두 자신이 잘할 수 있는 분야가 있고, 그것을 잘 선택해서 집중하면 누구나 최고가 될 수 있다. 최고가 되는 조건은 타고난 재능이나 능력에 좌우되는 것이 아니라 엄청난 노력이 결부된 양적으로 많은 창작 활동이라고 할 수 있다.

빈센트 반 고흐, 세스 고딘, 피카소, 모차르트, 중국의 시성 두보, 추사 김정희, 찰스 다윈, 도스토옙스키, 톨스토이, 셰익스피어, 아인슈타인, 스티븐 킹, 지그문트 프로이트 등 천재들의 삶을 이 책을 통해 파헤쳐볼 것이다. 그들이 과연 타고날 때부터 천재였는지, 아니면 그들도 우리와 같은 평범한 인물이었지만, 양적으로 많은 시도와 노력을 통해 결국 위대한 작품과 뛰어난 업적을 성취해낼 수 있었던 만들어진 천재였는지를 살펴볼 것이다.

사람들은 성공을 위해 애쓴다. 생존을 위해 몸을 움직이고, 더 나은 삶을 위해 분투한다. 그러나 대부분은 어느 정도 노력을 쏟아붓고 나서, 그것이 전부라 믿는다. 그러고는 스스로를 다독이며 이 정도면 충분하다고 기만한다.

하지만 천재들은 다르다. 그들은 노력을 남겨두지 않는다. 마지막 1%를 위해, 이전의 99%와는 다른 차원의 노력을 기울인다. 칼날이 강철을 깎아내듯, 그들은 스스로를 깎고 또 깎는다. 그리하여, 단 한 줄의 문장, 단 한 점의 붓질, 단 하나의 이론이 후대에 남는다. 천재는 만들어진다. 아니, 천재는 만들어질 수밖에 없다.

수많은 사람들이 성공을 위해 노력하지만, 극소수만이 '마지막 1%'의 영역에 도달한다. 왜일까? 단순한 노력만으로는 충분하지 않기 때문이다. 마지막 1%의 노력은 단순한 시간과 노동의 문제가 아니다. 그것은 물리적인 영역이 아니라, 정신과 영혼의 영역이다.

열정이 사라진 사람은 마지막 1%에 도달할 수 없다. 목표에 대한 강렬한 열망 없이, 마지막 문턱을 넘는 것은 불가능하다. 단순한 반복과 연습이 아니라, 존재의 모든 것을 쏟아부어야 한다. 영혼의 승부사가 되는 것이다. 영혼의 승부사는 자신의 혼과 몸과 마음을 한곳에 모아, 모든 것을 건다. 그렇기에 그런 사람의 눈빛은 다르다. 그것이 천재들의 눈빛이고, 비범한 자들의 눈빛이다.

마지막 1%의 경지에 이르기 위해서는 단순한 인내심이 아니라, 끓어오르는 피가 필요하다. 어떤 장애물이 닥쳐와도 흔들리지 않는 담대함 그리고 목표를 향한 절대적인 집중력, 그것이 마지막 1%를 만드는 힘이다.

아인슈타인과 동시대를 살았던 과학자들이 역사상 가장 위대한 수학 천재로 추앙했던 인물은 바로 앙리 푸앵카레(Henri Poincaré)다. 그는 친구인 알프레드 비네가 개발한 IQ 테스트를 두 차례나 받았는데 놀랍게도 그 결과는 평범 이하였다. 천재는 지능지수가 높다는 우리의 고정관념은 과연 타당한가? 이 책은 바로 그 믿음을 뒤흔든다. 천재란 타고난 두뇌의 결과물이 아니라 노력과 의지의 산물이라는 증거를 보여주고자 한다.

당신이 천재가 될 수 없다는 자연의 법칙 같은 것은 존재하지 않는다. 리처드 파인만, 미국 역사상 가장 뛰어난 물리학자로 평가받는 그는 IQ가 122였다. 평균 IQ(100)보다는 높지만 천재라고 보기는 어렵다. 하지만 그는 천재로 불린다. 여러 가지 요인이 있지만 그의 아버지, 멜빌 파인먼이 아들의 지능을 극대화하는 방향으로 교육을 했던 것이 핵심적으로 작용했다. 물론, 우리 모두가 멜빌 파인만 같은 아버지를 가질 수는 없다. 하지만 우리는 스스로 훈련하고, 스스로 성장할 수 있다. 그리고 이 책이 바로 그 방법을 제시할 것이다.

천재가 되는 길은 멀리 있지 않다. 중요한 것은, 어떤 방식으로 생각하고, 어떤 방식으로 행동하는가다. 자, 이제 1%의 법칙을 탄생시킨 위대한 천재들의 세계로 들어가보자.

# 차 례

"성공하는 사람은
성공할 때까지
계속하는 사람이다."

- 마쓰시타 고노스케

# 제1장
# 천재를 만드는 1%의 차이

# 천재들이

# 따르고 있었던 원칙

우리는 흔히 천재를 타고난 비범한 능력을 지닌 특별한 사람이라고 생각한다. 그들은 단 한 번의 작품으로 세계를 놀라게 하고, 본능적으로 위대한 결과를 만들어내는 듯 보인다. 하지만 정말 그럴까? 그들은 처음부터 남다른 재능을 지니고 태어났을까? 특정한 경험과 환경이 그들을 만들어낸 것은 아닐까? 그렇다면 평범한 사람도 적절한 환경에서 꾸준한 노력을 한다면 천재가 될 수 있을까? 아니면 한 번 둔재는 영원히 둔재로 남을 수밖에 없는 것일까?

이 질문들은 오래전부터 수많은 연구자들을 매료시켰고, 흥미로운 연구 결과들이 쏟아졌다. 그중 대표적인 것이 바로 '10년 법칙'이다. 이 법칙은 창조적인 도약을 이루는 사람들조차 최소한 10년 이상의 집중적인 훈련과 경험을 거쳐야 한다는 개념이다. 즉, 천재란 한순간의 영감이 아니라 반복된 경험과 몰입을 통해 형성되는 것이라는 이야기다. 단순한 영감이나 순간적인 재능만으로는 천재적인 성취를 이룰 수 없다.

심리학자 하워드 가드너(Howard Gardner)는 그의 저서 『열정과 기질』에서 '창조성의 10년 법칙'에 대해 다음과 같이 말했다.

정당한 근거 없이 숫자의 마술을 부릴 생각이 없음에도, 본 연구를 수행하는 과정에서 나는 창조성의 10년 법칙을 발견했다. 일곱 명의 창조적인 인물들은 분야마다 약간씩 기간은 달라도 대략 10년을 사이에 두고 창조적인 도약을 이루었다. 인지심리학 계통의 연구를 통해 알려진 것처럼, 한 사람이 어느 분야를 기본적으로 통달하는데 필요한 기간은 대략 10년이다.

천재라고 불리는 사람들조차 최소 10년의 집중적인 노력과 몰입을 거친 후에야 진정한 창조적 도약을 이루었다. 하지만 여기서 한 가지 중요한 질문이 떠오른다. 그 10년 동안, 그들의 작품은 과연 어떤 수준이었을까?

피카소를 예로 들어보자. 그는 말문이 트일 때부터 그림을 그리기 시작했고 첫 번째 10년이 되던 때에 두각을 나타냈다. 10대에 미술학교 고급반에 미술학교 고급반에 들어갔고, 1897년에는 마드리드의 산 페르난도 왕립미술 아카데미에 입학할 정도로 성장을 거듭했다. 그로부터 정확히 10년 후, 1907년, 피카소는 미술사에 한 획을 긋는 작품 〈아비뇽의 처녀들〉을 탄생시켰다. 이 작품은 단순한 그림이 아니었다. 당시 미술의 패러다임을 완전히 뒤흔들어 놓았다. 또다시 10년 후, 1917년. 피카소는 신고전주의 양식으로 또 한 번의 전환점을 맞이했다. 1927년은 파블로 피카소의 예술적 전환기에 해당하는 시기로 신고전주의에서 초현실주의로의 변화를 모색했다. 마침내 1937년, 대표작 〈게르니카〉를 완성했다.

이 패턴은 무엇을 말하는가? 피카소 역시 걸작을 탄생시키기 위해 최소 10년의 집중적인 연습과 실험이 필요했다. 그리고 이 과정에서 또 하나의 중요한 사실을 발견할 수 있다. 바로 천재들의 공통점, '1%의 법칙'이다.

피카소는 세계적으로 유명한 화가다. 그러나 우리가 아는 피카소의 작품은 몇 개나 될까? 대부분의 사람들은 〈게르니카〉, 〈아비뇽의 처녀들〉, 〈우는 여인〉 정도를 떠올린다. 미술을 공부한 사람이라면 50점 정도는 알 것이고, 전문가라면 100점쯤은 알고 있을 것이다. 그러나 이는 피카소가 남긴 작품의 1%도 되지 않는다. 피카소는 5만 점이 넘는 작품을 창작했다.

모차르트 역시 10년 이상의 집중적인 훈련과 창작 활동을 거친 후에야 비로소 '모차르트다운' 곡을 작곡할 수 있었다. 그의 작품 중 걸작은 1% 정도다. 예술 분야만이 아니라 학계에서도 마찬가지다. 정신분석학의 창시자로 인

문학의 발달에 지대한 영향을 끼친 프로이트 역시 세상 사람들을 놀라게 한 논문은 『꿈의 해석』을 비롯한 몇 편 뿐이다.

많은 학자가 10년 법칙을 주장하고 있으며, 하워드 가드너 역시 10년 정도의 수련을 거친 후에 창조적인 도약을 한다고 했다. 뇌과학적으로도 이는 설득력이 있다. 신경가소성(neuroplasticity) 연구에 따르면, 특정한 기술이나 창의적인 사고 방식은 단기간의 연습으로 형성되지 않으며, 최소 10년 이상의 반복적 경험을 통해 신경망이 최적화된다. 실험심리학자 안데르스 에릭슨(Anders Ericsson) 또한 전문가적 수준에 도달하려면 최소 10년 이상의 '의식적인 연습(deliberate practice)'이 필요하다고 주장했다.

그러니 그 기간의 작품들이 얼마나 될까 생각해보라. 10년 법칙이 천재들의 창조성과 도약에 대한 시간적 측면의 법칙이라 한다면, 1%의 법칙은 양적 측면의 법칙이라고 할 수 있다.

피카소처럼 네 살에 시작하면 10대에 거장이 될 수 있고, 10대 후반에 창조의 노력을 시작한 스트라빈스키와 같은 작곡가와 그레이엄과 같은 무용가는 20대 후반이 되어서야 비로소 창조성의 본궤도에 올라선다. 10년간의 수습기간을 거쳐야 중대한 혁신을 이룰 수 있다. 이러한 도약은 대개 일련의 시험적인 단계를 거쳐 이루어지는 편이지만, 일단 도약을 하게 되면, 과거로부터 결정적인 단절을 이룬다. 이런 맥락에서 나는 프로이트의 『프로젝트』와 아인슈타인의 특수 상대성 이론, 피카소의 〈아비뇽의 처녀들〉, 스트라빈스키의 〈봄의 제전〉, 엘리엇의 〈황무지〉, 그레이엄의 〈프론티어〉, 간디의 아메다바드 파업을 결정적인 도약으로 간주한다. 이어서 창조자는 자신의 혁신적인 도약과 타협을 한다. 혁신에의 열정은 결코 사그라지지 않지만, 일반적으로 말해서 후속적인 혁신은 보다 폭이 넓고 종합적인 성격을 갖게 마련이다. 좀 더 미묘한 방식으로, 그러니까 해당 분야의 과거에서 이루어진 성과 및 다른 사람들이 수행한 업적과 좀 더 직접적으로 관련을 맺는 식으로 혁신을 감행하는 것이다. 프로이트의 『꿈의 해석』(혹은 『토템과 터부』), 아인슈타인의 일반 상대성 이론, 피카소의 〈게르니카〉, 스트라빈스키의 〈결혼〉, 엘리엇의 〈4개의 사중주〉, 그레이엄의 〈애팔래치아의 봄〉, 간디의 소금행진 등이 두 번째로 정점에 오른 도약이라 할 수 있다.

　10년을 주기로 도약하고 그 도약의 순간에 걸작이 탄생한다는 사실에서, 우리는 걸작이 아닌 무수한 연습용 작품이 산출되었을 것임을 충분히 알 수 있다.

　1%의 법칙이란, 최고의 걸작을 하나 만들기 위해서 천재들조차도 99%의 보이지 않는 졸작을 만들어야 한다는 것이다. 그래서 그들조차 젊었을 때의 작품을 드러내지 않으려 한다. 인생의 후반부로 갈수록 실력이 쌓이면서 더 좋은 작품이 나오게 된다. 우리가 감탄하는 천재들의 세계적인 걸작들은 수면 위에 떠오른 빙산의 일각일 뿐이다. 수면 아래에는 보이지 않는 거대한 빙산이 있다.

　일반적으로 물이 끓기 위해서는 100도가 되어야 한다. 99도까지는 아무리 뜨거워도 끓지 않는다. 천재가 되기 위해서도 마찬가지다. 결정적인 임계점을 돌파해야 한다. 그리고 그 순간이 오기까지는 수많은 연습과 훈련이 필수적이다. 대가들은 이 과정을 거치지 않은 적이 없다. 그들 역시 임계점을 넘기 전까지는 수없이 많은 작품을 만들어왔다.

　1%의 법칙은 단 한 명의 천재에게만 적용되는 것이 아

니라, 역사 속에서 수많은 천재들에게 공통적으로 나타나는 현상이다. 뇌과학, 심리학, 그리고 인문학적 관점에서 이를 분석하면, 창의성과 실력의 축적 과정이 어떻게 이루어지는지 더욱 명확하게 이해할 수 있다. 이에 대한 구체적인 사례와 논의는 2장부터 각 분야별로 살펴보도록 하겠다.

# 우리가 잘못 알고 있는

# 천재의 진실

우리는 누군가가 비범한 성과를 내는 것을 보면 자연스럽게 '천재'라는 수식어를 붙인다. 마치 그들은 태어날 때부터 우리와는 다른 특별한 능력을 타고난 존재인 것처럼 말이다. 그러나 이러한 관점은 인간 능력에 대한 근본적인 오해에서 비롯된다.

실제로 '천재'로 불리는 많은 사람들은 애초에는 우리와 다를 바 없는 평범한 인간이었다. 그들이 남들과 다른 수준에 도달한 것은 선천적인 재능 때문이 아니라, 믿을 수 없을 정도의 노력과 훈련, 그리고 반복적인 연습의 결과였다. 우리가 쉽게 찬사를 보내는 그들의 성과는 사실 엄청난 시간과 에너지를 투자한 끝에 얻어진 것이다. 만약 우리가 그들이 겪은 과정을 상세히 들여다본다면, 그들을 '천재'라고 부르기보다는 오히려 '무서운 사람'이라고 느낄지도 모른다.

우리는 대개 천재들이 어느 정도의 노력과 훈련과 연습을 하는지 짐작조차 하지 못한다. 미국 공영방송 PBS의 기고가이면서 애틀랜틱닷컴의 기자이기도 한 데이비드 솅크(David Shenk)는 그의 저서 『우리 안의 천재성』에서 인간의 잠재력에 대한 새로운 관점을 제시한다. 그는 인지과학, 유전학, 생물학, 아동발달학 등 다양한 학문의 최신 연구 성과를 집대성하여 인간의 능력은 생각보다 훨씬 더 유연하고 확장 가능하다는 사실을 밝혔다. 저자는 인간의 지능은 고정불변의 것이 아니라 끊임없이 변화해가는 과정이라고 말한다. 그리고 지능과 마찬가지로 재능 역시 타고나는 것이 아니라 잉태 순간부터 서서히 발달하고 쌓여서 나타나는 결과물이라고 한다. 사람마다 서로 다르게 태어나기에 어떤 사람은 어떤 일에서 조금 더 유리한 특성이나 자질을 지닐 수도 있음을 그도 인정한다. 하지만 그 누구도 위대한 천재가 되도록 유전적으로 미리 설계되어 나오는 것은 절대 아니라고 한다.

인간이 속한 환경은 하나의 거대한 시스템이며 태내 환경을 포함해 가족, 친지, 이웃 등 생활세계의 모든 조건이 그 시스템을 구성한다. 인간은 누구나 그런 거대한 시스템 속에서 주변 환경과 영향을 주고받으며 적극적으로 자기 자신을 만들어간다. 그러기에 일란성 쌍둥이라 할지라도 전혀 다른 양상으로 발달할 수 있다. 또 아무리 좋은 환경에서도 자발적인 노력 없인 아무것도 이룰 수가 없다. 인간은 주어진 환경의 수인이 아니라 능동적으로 환경에 적응하고 스스로를 계발할 수 있다는 것이다. 천재들의 성공 역시 그들의 타고난 생물학적 특성과 함께 부모형제, 지역사회, 문화 및 역사까지 아우르는 모든 주변 요소와의 합작품이다.

우리는 모두 천재성을 갖고 태어난다. 그러나 그것이 자연스럽게 발현되는 것은 아니다. 인간의 두뇌는 환경과 경험에 따라 끊임없이 변화하며, 우리가 어떤 분야에서 두각을 나타낼 수 있을지는 전적으로 우리가 투자하는 시간과 노력에 달려 있다. 결국, 천재란 신비로운 선물이 아니라 훈련과 반복을 통해 형성되는 결과물이다.

이 사실은 일란성 쌍둥이의 예에서 더욱 분명해진다. 같은 유전자를 타고났음에도 한 사람이 천재가 되고, 다른 사람은 평범한 삶을 사는 이유는 선천적 차이가 아니라, 자신이 재능을 계발하기 위해 투자한 시간과 노력의 차이에 있다. 천재성을 결정하는 것은 DNA가 아니라, 그 가능성을 어떻게 현실로 만들어내느냐에 달려 있다.

현대 심리학의 창시자로 불리며, 인간의 잠재력과 노력이 삶의 성취에 미치는 영향을 강조했던 윌리엄 제임스(William James)는 다음과 같이 말했다.

"우리가 도달해야 할 경지에 비추어 보면 지금 우리는

잠이 반쯤 덜 깬 상태다. 불길은 눅눅히 젖었고 계획은 위축되었다. 우리는 정신적·육체적 재원의 극히 일부만을 사용할 뿐이다. 크게 보면, 인간 개개인은 자신의 한계에 크게 못 미치는 삶을 살고 있다."

이는 단순한 동기 부여의 메시지가 아니다. 오히려 인간 존재에 대한 근본적인 사실을 지적하는 말이다. 우리는 우리가 설정한 작은 목표를 성취하는 것만으로도 스스로를 '최선을 다했다'고 믿는다. 하지만 윌리엄 제임스의 말에 따르면, 우리의 능력은 그보다 훨씬 더 위대하며, 우리가 아무리 노력한다 해도 그 한계에 도달하는 것은 불가능할 정도다.

미하이 칙센트미하이(Mihaly Csikszentmihalyi)는 『창의성의 즐거움』에서 천재는 타고나는 것이 아니라 만들어지는 것이라고 단언한다. 중세 르네상스 시대의 대표적 천재들인 레오나르도 다빈치와 미켈란젤로 역시 어린 시절에는 그들이 세계적인 천재가 될 것이라고 아무도 생각하지 않았다는 것이다. 중요한 것은 그들이 환경과 경험을 통해 점차 자신의 재능을 계발하고, 끊임없는 훈련과 몰입을 통해 능력을 극한까지 밀어붙였다는 점이다.

우리는 타고난 능력의 한계를 과대평가하고, 후천적 노력과 훈련이 만들어낼 수 있는 변화를 과소평가한다. 천재란 특별한 재능을 가진 소수의 사람이 아니라, 누구든 특정한 분야에서 충분한 시간과 에너지를 투자했을 때 도달할 수 있는 경지다. 결국, 천재성은 몰입과 지속적인 노력이 만들어낸 필연적인 결과다.

그렇다면 왜 대부분의 사람은 평범한 상태에서 벗어나지 못하는 것일까?

인간의 지능에 관하여 오랫동안 연구한 하워드 가드너는 예외적이고 탁월한 성취를 거둔 천재들이 남다른 소질을 가지고 있다고 말한다. 그러나 우리가 흔히 생각하는 것처럼 그 소질이 타고난 재능 그 자체는 아니다. 오히려 그들은 자신이 어떤 분야에서 성공할 가능성이 높은지를 인식하는 능력, 즉 분별력이 탁월했다. 이는 인간이 직관적으로 내리는 선택과 그 선택이 성공 가능성에 미치는 영향을 연구한 대니얼 카너먼(Daniel Kahneman)의 통찰과도 맞닿아 있다. 우리의 뇌는 자신이 잘할 가능성이 높은 영역을 빠르게 감지하는 시스템을 갖추고 있지만, 대부분의 사람들은 이를 무시하거나 오판한다. 반면, 천재라 불리는 이들은 자신이 현재 남들과 다를 바 없다는 사실을 알고 있음에도, 특정한 분야에서 자신이 성장할 가능성이 크다는 확신을 갖고 일찍부터 그것에 집중한다. 반대로 아무리 노력해도 두각을 나타내지 못하는 사람들은 본능적 직관을 신뢰하지 못하거나, 사회적 기대에 의해 자신에게 맞지 않는 분야를 선택한 경우가 많다. 결국, 성공한 사람과 그렇지 못한 사람의 차이는 절대적인 능력의 차이가 아니라, 자신의 잠재력을 최적의 환경에서 발현할 수 있는 결정을 내리는 능력에서 비롯된다고 볼 수 있다.

그리고 또 한 가지, 평범한 이들이 천재로 거듭나지 못하는 이유는 궁극적으로 자신의 마음 상태가 그러하기 때문이다. 아무리 노력한다 해도 스스로 천재라거나 세계 최고가 될 수 있을 것이라 생각하지 않는다면, 그러한 마음 자세가 노력이나 성취를 저해하여 헛수고를 하게 할 수 있다. 똑같이 10년간 피아노를 친 두 사람이 있다 해도 그들의 마음 자세에 따라 한 사람은 천재 피아니스트가 될 수 있지만, 다른 사람은 평범한 피아니스트에 그칠 수 있다는 것이다.

이는 캐롤 드웩(Carol Dweck)이 『성공의 새로운 심리학』에서 잘 말해주고 있다. 심리학자이자 컬럼비아 대학교 교수인 저자는 비범한 천재가 되어 탁월한 성과를 올리는 사람들의 마음속에는 그렇지 못한 사람들의 마음속에 없는 그 무엇인가가 들어 있다고 말한다.

책에서 주장하는 그 무엇인가는 바로 성장 마인드셋 (growth mindset)이다. 이와 반대되는 개념인 고착 마인드셋(fixed mindset)를 먼저 살펴보자. 고착 마인드셋는 자신의 재능이 이미 돌에 새긴 듯 정해져 있다고 생각하는 것을 말한다. 그래서 이런 사람들은 모험의 중요성과 인내력의 힘을 믿지 않는다. 그리고 무엇보다 이런 사람들은 지금보다 훨씬 더 향상된 자신의 모습을 결코 상상하지 못한다. 모차르트, 아인슈타인, 피카소, 스티븐 킹 등 각 분야에서 탁월한 성과를 내는 사람들은 애초에 자신과 비교도 할 수 없는 엄청난 재능을 소유한 이들이라고 생각해버린다.

이와 반대로 성장 마인드셋를 가진 사람들은 자질이나 능력은 노력만 하면 언제든지 향상될 수 있다고 믿는다. 이런 사람들은 지금 당장 자신의 형편없는 실력이나 자질에 크게 신경 쓰지 않으며 타인의 혹평에도 덤덤하다. 이들은 이러한 성장 마인드셋를 통해 고착 마인드셋를 가진 자들이 도저히 가질 수 없는 무서운 인내심과 실패로부터의 회복력을 보여준다. 바로 이것이 스스로를 탁월한 성과를 올리는 천재로 만들어나가는 원동력이 되어준다.

대니얼 코일(Daniel Coyle)의 『탤런트 코드: 재능을 지배하는 세 가지 법칙』은 세계적으로 큰 성공을 거둔 집단과 개인들을 직접 인터뷰하고, 그들의 성공 요인을 분석하여 탄생한 책이다. 저자는 다양한 역사적 사례를 바탕으로 천재성이 선천적인 것이 아니라 후천적인 과정에서 형성된다고 주장한다. 그는 특히 한 분야에서 1만 시간의 연습을 한다고 해서 누구나 천재의 반열에 오르는 것은 아니며, 그 차이를 만드는 결정적 요인은 '점화장치(ignition)'라고 설명한다. 단순한 반복 연습이 아니라, 자신이 성장할 수 있다는 확신과 내적 동기가 뇌를 활성화하고, 이를 통해 집중적인 훈련이 가능해진다는 것이다.

이 점화장치는 곧 자기 자신에 대한 인식에서 비롯된다. 즉, "나도 할 수 있다."는 강한 확신이 결정적인 역할을 한다. 대표적인 사례가 1998년 LPGA 챔피언십에서 우승한 박세리 선수다. 그녀가 스무 살의 나이에 세계 무대에서 정상에 오르는 모습을 본 수많은 한국의 여자 골프 선수들은 '한국인도 세계 최고의 골프 선수가 될 수 있다'는 믿음을 갖게 되었고, 이는 한국 여자 골프의 폭발적인 성장으로 이어졌다. 불과 10년 후, 한국 여자 선수들은 LPGA 투어에서 45차례나 우승을 거머쥐며 세계를 압도했다.

바로 이 차이, 즉 '할 수 있다. 나는 세계 최고가 될 수 있다'라는 심리적 점화장치를 가지고 엄청난 노력과 연습을 하는 사람은 반드시 세계 최고가 될 수 있다는 얘기다.

천재가 되는 데에는 노력과 마음의 자세도 요인이 되지만 한 가지 더 고려해야 할 부분이 있다. 아인슈타인, 발명가 에디슨, 노벨상 수상자인 마리 퀴리 같은 인물들이 한국에서 태어났다면, 지금 우리가 아는 것과 같은 위대한 업적을 남기지 못했을 것이라는 가정은 단순한 우스갯소리가 아니라, 교육과 사회 구조가 개인의 가능성에 미치는 영향을 되새겨보게 한다.

예를 들어, 아인슈타인은 어린 시절 학업에 크게 흥미를 보이지 않았으며, 전통적인 학교 교육 방식과 맞지 않는 면이 있었다. 만약 그가 오늘날 한국의 주입식 교육과 입시 경쟁 속에서 성장했다면, 수학적 재능이 뛰어났음에도 창의적 사고를 펼칠 기회를 얻지 못했을 가능성이 크다. 에디슨은 공식적인 교육을 3개월밖에 받지 않았고, 학교에서는 학습 부진아로 낙인찍혔으나 어머니의 지도로 독창적인 탐구를 이어갈 수 있었다. 만약 그가 관료적이고 규칙을 중시하는 환경에서 성장했다면, 창의적 실험과 발명을 지속하기 어려웠을 수도 있다. 마리 퀴리는 폴란드에서 여성의 고등교육이 제한된 상황에서도 프랑스로 유학을 떠나 학문을 이어갔다. 만약 그녀가 사회적 장벽이 높은 환경에서 연구 기회를 충분히 얻지 못했다면, 세계적인 과학자로 성장하기 어려웠을 것이다.

이러한 가정은 우리나라 교육제도와 사회에 대해 폄하하려는 것이 아니라, 환경과 제도가 개인의 가능성을 어떻게 제한하거나 확장할 수 있는지를 보여준다. 천재성이 타고나는 것이 아니라 만들어진다는 사실은, 개인의 노력뿐만 아니라 그 노력이 발휘될 수 있는 구조적 기회가 함께 조성될 때 비로소 현실화된다는 점을 시사한다.

국가별 지능지수 검사에서 한국은 세계에서 손꼽히는 우수 민족으로 밝혀졌는데, 이는 새삼스러운 일도 아니다. 한국 국민의 평균 지능지수는 105에서 106 정도로 세계 최고 수준이다. 반면 노벨상을 휩쓸고 있는 유대인들은 우리보다 훨씬 저조한 수준을 보였다. 이것은 한 기관에서 조사한 한 번의 결과만을 놓고 말하는 것이 아니다. 서로 다른 기관에서 오랜 세월 꾸준히 조사한 결과들을 모두 분석한 결과다. 하지만 인류사에서 시대를 이끈 천재 중에 유대인들이 적지 않다는 사실은 누구나 인정할 것이다. 이 역시 천재가 타고나는 것이 아니라 만들어지는 것이라는 확실한 증거가 된다.

세계적인 대문호인 알렉상드르 뒤마, 윌리엄 셰익스피어, 조지 고든 바이런, 단테 알리기에리, 요한 볼프강 폰 괴테, 월터 스콧, 이들은 모두 문학사에 거대한 업적을 남긴 작가들이다. 하지만 이들의 가장 큰 공통점은 단순히 걸작을 남겼다는 것이 아니다. 이들은 모두 '속필가'였으며, 엄청난 속도로 많은 작품을 쓴 다작가들이었다. 이는 단순한 우연이 아니다. 현대 문학에서 '호러의 제왕' 혹은 '20세기 최고의 이야기꾼'이라 불리는 스티븐 킹 역시 하루 평균 2,000단어 이상을 쓰는 것으로 유명하다.

이들이 다작을 했다는 사실은 중요한 의미를 갖는다. 만약 그들이 엄청난 속도로, 엄청난 양의 글을 쓰지 않았다면, 그들의 필력과 사고력은 지금 우리가 알고 있는 수준에 도달하지 못했을 가능성이 크다. 글쓰기는 단순한 재능이 아니라, 지속적인 훈련과 반복을 통해 다듬어지는 능력이다. 마치 운동선수가 반복 훈련을 통해 기량을 끌어올리듯, 작가들도 끊임없는 글쓰기를 통해 언어적 감각과 논리적 사고를 연마한다. 결국, 천재 작가들이 공통적으로 다작가였다는 사실은 단순한 통계적 우연이 아니라, 창의성과 필력은 지속적인 생산 과정을 통해 비로소 완성된다는 명확한 증거다.

천재를 만든 것은 타고난 재능이 아니라 지금 당장 할 수 있는 것, 지금 당장 쓸 수 있는 것, 지금 당장 만들 수 있는 것부터 시작할 수 있는 자세와 실천이다. 천재가 되는 것은 결국 천릿길을 가는 것이고, 목적지에 도착하는 것은 결국 마지막 한 발자국이지만 그 마지막 한 발자국이 천리가 되기 위해서는 무수히 많은 발자국을 내디뎠다는 사실을 잊어서는 안 된다.

독일 문학을 세계적 수준으로 끌어올린 위대한 작가이자 다작가였던 괴테는 다음과 같은 의미심장한 말을 한 적이 있다.

"지금 할 수 있는 일부터 시작하라. 내가 이 이치를 젊었을 때 알았더라면 백 권 정도의 책을 더 썼을 것이다."

천재가 되는 길에서 중요한 것은 거창한 목표를 세우는

것이 아니라, 지금 할 수 있는 일을 꾸준히 해나가는 것이다. 마치 물방울이 처음부터 바위를 뚫을 수 있는 힘을 갖고 있지 않듯이, 단번에 커다란 성취를 이루려 하기보다 수천 번, 수만 번 바위를 내려치는 과정이 필요하다. 위대한 천재들은 모두 물방울처럼 한결같은 반복 속에서 성장해왔다. 작가는 어제도 쓰고, 오늘도 쓰며, 내일도 글을 쓴다. 화가는 어제도 그림을 그리고, 오늘도 그리고, 내일도 그릴 것이다. 과학자는 연구를, 운동선수는 훈련을, 음악가는 연습을 거듭하며 천재의 경지에 도달한다. 위대한 성취는 특별한 순간이 아니라, 매일의 반복된 노력에서 만들어진다.

천재에게 물방울이 바위를 뚫는 인내가 없다면, 그는 결국 평범해진다. 어린 시절 남다른 재능을 가졌던 이들이 시간이 흐르며 평범해지는 이유도 여기 있다. 날마다 반복해야 하는 노력이 결코 불가능한 것은 아니지만, 그렇다고 누구에게나 쉬운 일도 아니다.

습관이 된 사람에게는 당연한 일이지만, 습관이 되지 않은 사람에게는 넘기 어려운 벽이 된다. 만약 너무 쉬운 일이었다면 세상은 천재로 가득했을 것이고, 너무 어려운 일이었다면 누구도 천재가 될 수 없었을 것이다.

# 재능보다

# 중요한 요소

위대한 천재를 만드는 요인에는 스스로를 믿고 행동에 옮긴 담대함이 있었다. 수많은 연구 결과들은 천재들이 가진 공통점이 바로 결단력과 실행력이라는 사실을 뒷받침한다. 천재들은 두려움을 극복하고 끊임없이 도전하는 과정에서 비범한 존재로 거듭났다.

우리의 뇌는 불확실성을 싫어한다. 새로운 시도를 할 때, 뇌의 편도체(amygdala)는 위험을 감지하고 본능적으로 두려움을 유발한다. 그러나 행동을 시작하는 순간, 뇌는 점차 그 환경에 익숙해지면서 불안을 줄여간다.

미국의 신경과학자 앤드루 휴버먼(Andrew Huberman)은 "뇌는 동작(movement)을 통해 환경을 인식하고, 실제 행동을 취할 때 신경회로가 활성화된다."고 설명한다. 즉, 아무리 뛰어난 아이디어를 가지고 있어도 행동하지 않으면 뇌는 변화하지 않는다. 괴테의 말처럼, '시작'하는 순간부터 비범함이 만들어지는 것이다.

심리학자 리처드 와이즈먼(Richard Wiseman)은 성공한 사람들의 특징을 연구하며 한 가지 중요한 패턴을 발견했다. 대부분의 사람들은 동기가 생겨야 행동할 수 있다고 생각하지만, 실제로 성공한 사람들은 그 반대였다는 것이다. 그들은 '행동하면 동기가 따라온다'는 원리를 활용했다. 이는 뇌과학적으로도 증명된다. 행동을 시작하면 뇌에서 도파민(dopamine)이 분비되며, 보상 시스템이 작동한다. 결국, 작은 행동이 쌓이면서 점점 더 큰 목표를 향해 나아갈 수 있는 동력이 만들어지는 것이다.

많은 사람들은 무언가를 시작할 때 '완벽한 순간'을 기다린다. 준비가 충분하지 않거나 환경이 최적이 아니면 성공할 수 없다고 믿는다. 그러나 천재들은 그러지 않았다. 그들은 불완전한 상태에서도 행동했고, 시행착오를 두려워하지 않았다. 완벽한 출발이 아니라 시작하는 것 자체가 중요하다는 사실을 알고 있었기 때문이다.

레오나르도 다빈치는 수많은 실패작을 남겼지만, 그 과정에서 혁신적인 발명을 이루었다. 파블로 피카소는 생애 동안 1만 3,500점의 그림과 10만 점 이상의 판화를 남겼으며, 그중 명작은 일부에 불과했다. 그들은 단 한 번의 걸작을 만들어내겠다고 기다리지 않았다. 반복적인 시도와 개선 속에서 비범한 업적이 탄생한다는 사실을 알았기 때문이다. 불완전한 순간에도 과감히 시작하고 끊임없이 발전해나가야 천재로 도약할 수 있다.

스탠퍼드 대학교의 심리학자 캐럴 드웩은 사람들의 사고방식을 두 가지로 나눴다.

고정 마인드셋(Fixed Mindset): "나는 원래 이걸 잘 못해."
성장 마인드셋(Growth Mindset): "연습하면 점점 나아질 거야."

　고정 마인드셋을 가진 사람들은 자신의 능력이 타고난 것이며, 쉽게 변하지 않는다고 믿는다. 그래서 새로운 도전에 직면했을 때, 실패를 두려워하며 시도조차 하지 않거나, 조금의 좌절에도 쉽게 포기한다. 반면, 성장 마인드셋을 가진 사람들은 자신의 능력이 연습과 노력에 따라 성장할 수 있다고 믿는다. 이들은 실패를 배움의 과정으로 받아들이며, 도전을 지속한다. 두 사고방식의 차이는 단순한 태도의 문제가 아니다. 실제로 연구에 따르면 성장 마인드셋을 가진 사람들은 더 많은 기회를 발견하고, 어려움을 극복하며, 결국 더 높은 성취를 이루는 경향이 있다.

　이 차이는 '담대함'과 깊은 관련이 있다. 담대함이란 두려움을 느끼지 않는 것이 아니라, 두려움을 넘어서 행동하는 능력이다. 고정 마인드셋을 가진 사람들은 실패할 가능성이 있다면 애초에 시도하지 않지만, 성장 마인드셋을 가진 사람들은 완벽한 결과를 보장받지 못해도 일

단 시작한다.

하워드 가드너가 평생 연구하고 그 연구 결과로 내놓은 다양한 책을 보면, 거장들의 삶에는 거장이 될 수밖에 없는 열정과 기질이 있었다는 사실이 잘 드러난다. 또한 거장들은 처음부터 천재성을 나타냈다기보다 10년 규칙과 같은 법칙대로 일정 기간 자신의 재능을 향상시키기 위해 노력하고 훈련하고 공부한 시기가 반드시 있었다는 점도 명백하게 알려준다.

피카소는 타고난 신동이 아니었다. 그는 어느 정도 재능을 가진 아이였지만, 그 재능이 빛을 발한 것은 끊임없는 독학과 사숙(私淑), 그리고 대담한 도전 덕분이었다. 그는 자신의 한계를 뛰어넘기 위해 과거의 거장들을 철저히 연구했고, 단순한 모방을 넘어 그들의 기법과 표현 방식을 깊이 탐구했다. 그러나 그것만으로 만족하지 않았다. 그는 부두 노동자와 선원의 삶을 관찰하며 인간의 내면 심리를 파고들었고, 거리와 자연 풍경의 흐름 속에서 감정을 포착하려 했다. 사람들의 갈등과 긴장을 표현하기 위해 밤을 새워 화폭과 씨름하며, 기존의 틀을 깨고자 끊임없이 실험을 거듭했다.

그의 담대함은 예술적 절정기에만 머무르지 않았다.

피카소는 자신의 후기 작품들이 초기 걸작들만큼 위대하지 않다는 평가에 크게 이의를 제기하지 않았다. 오히려 자신도 그에 대해 확신이 없었다는 이야기가 전해진다. 그러나 중요한 것은, 그러한 불확실성 속에서도 그는 여전히 붓을 들었고, 새로운 형식과 기법을 실험하며 멈추지 않았다는 점이다. 그는 완벽함을 기다리지 않았고, 비판을 두려워하지 않았으며, 새로운 시도를 주저하지 않았다. 피카소는 마지막 순간까지도 도전하는 예술가였다.

실상 피카소의 후기 작품은 비평적 갈채를 받기가 상당히 어려운 면이 있었다. 거의 임상적이라 할 만한 엄밀한 관찰에 입각하여 자기의 신체, 그리고 아마도 정신까지 왜곡한 형상을 위주로 한 작품이나 섹슈얼리티를 기괴하게 표현한 작품이 무엇을 뜻하는지 관람객들은 이해하지도 못했다. 그럼에도 피카소가 대담하게 도전하기를 결코 포기하지 않았다는 점은 주목할 만한 가치가 있다. 현재의 영예에 안주하는 사람들은 피카소의 '퇴폐적인' 후기 작품에 쏟아질 수밖에 없었던 그런 비난의 위험을 감수할 용기가 없을 것이다.

하워드 가드너가 『열정과 기질』에서 언급한 대목을 봐도 피카소가 얼마나 대담하게 도전하는 유형인지를 잘 알 수 있다. 타인의 칭찬이나 비난에 휘둘리는 사람 중에서 위대한 인물이 된 사람은 단 한 명도 없다. 거장들은 타인의 시선을 초월하는 능력을 가지고 있다. 그들은 단기적인 평가보다 장기적인 성장을 중요하게 여긴다. 주변의 평가에 일희일비하지 않고, 자신의 길을 묵묵히 걸어나간다. 만약 모든 위대한 인물이 세상의 평가에 연연했다면, 그들은 자신만의 독창성을 잃었을 것이고, 결국 평범한 사람들과 다를 바 없는 삶을 살았을 것이다. 도약을 하고 싶다면 자신의 가치를 외부의 시선이 아니라, 스스로의 성장과 발전에서 찾아야 한다.

대기만성(大器晩成). 큰 그릇이 완성되기 위해서는 오랜 시간이 걸리는 법이다. 피카소, 다빈치, 뉴턴, 마리 퀴리, 이들 모두 젊은 시절에는 과소평가받거나 비판받았지만, 그럼에도 불구하고 끝없이 자신을 갈고닦았다.

이 과정에서 중요한 것은 '끈기와 반복'이다. 거장들은 단 한 번의 성공에 만족하지 않았으며, 실패를 두려워하지 않았다. 베토벤은 청력을 잃고도 작곡을 멈추지 않았고, 에디슨은 수천 번의 실패 끝에 전구를 완성했으며,

반 고흐는 살아생전 단 한 점의 그림만 팔았지만 끝까지 붓을 놓지 않았다. 그들은 세상의 인정이나 조롱보다 자신의 길을 계속 나아가는 것을 더 중요하게 여겼다.

위대한 성취는 하루아침에 이루어지지 않는다. 거장들은 처음부터 대단했던 것이 아니라, 오랜 시간 자신을 단련하는 과정을 거쳐 위대해졌다. 그러므로 담대함은 단순한 용기가 아니라, 끝임없는 성장의 과정에서 필수적인 태도다. 타인의 평가를 넘어 스스로를 믿고 나아갈 때, 비로소 진정한 거장이 탄생하는 것이다.

천재들은 모두 세상의 평가에 휘둘리지 않고, 자신의 길을 묵묵히 걸어간 사람들이라는 사실을 잘 설명한 책이 있다. 바로 일본 작가 와타나베 준이치(渡辺淳一)의 『나는 둔감하게 살기로 했다』. 그는 실락원으로 한국과 일본에서 수백만 독자를 매료시킨 베스트셀러 작가이지만, 단순히 문학적 감성을 뛰어넘어 인간의 심리와 성공의 원리를 통찰하는 작가이기도 하다. 둔감력은 우리가 흔히 중요하게 생각하는 민감함(sensitivity)이 아니라, 오히려 둔감함(insensitivity)이야말로 인생을 살아가는 데 있어 필수적인 요소라고 주장한다.

그는 사회적 평가와 비판에 지나치게 민감한 사람은 쉽

게 흔들리고, 결국 자신의 길을 끝까지 걸어가지 못한다고 말한다. 반면, 역사상 위대한 인물들은 타인의 평가에 둔감할 줄 알았고, 비판과 시련을 딛고 끝까지 자신의 길을 걸었던 사람들이었다. 천재들은 '칭찬'에 도취되지 않았고 '비난'에 움츠러들지 않았다. 그들에게 중요한 것은 주변의 평가가 아니라, 자신의 신념과 목표를 지키는 것이었다. 와타나베 준이치는 이를 '둔감함의 미덕'이라 부르며, 천재적인 성취를 이루려면 타인의 시선과 감정의 기복에서 벗어나 담대하게 나아가는 태도가 필수적이라고 강조한다.

우리는 흔히 '민감한 사람'이 더 창의적이고 뛰어난 능력을 가질 것이라고 생각하지만, 실제로 성공하는 사람들은 자신이 신경 써야 할 것과 그렇지 않은 것을 구별하는 능력을 가진 사람들이다. 모든 비판과 평가에 반응하는 것은 곧 자신의 에너지를 소모하는 일이기 때문이다. 결국, 천재들은 타인의 인정이나 비판에서 자유로웠고, 스스로를 믿고 나아가는 힘을 가졌기 때문에 비범한 성취를 이룰 수 있었다.

거인(천재)은 둔감하다. 천재가 되고 거인이 되기 위해서는 주위 사람들의 비평이나 비난, 자신의 재능의 싹을

밟아 버릴 수 있는 백해무익한 조언에는 둔감해져야 한다. 단지 의견에 불과할 뿐 절대로 사실이라고 말할 수 없기 때문이다.

심리학에서는 타인이 누군가에게 '저 사람은 무례한 사람이다.' 혹은 '저 사람은 매우 머리가 좋은 사람이다.' 혹은 '저 사람은 매우 노력을 잘 하는 노력파이다'라는 라벨을 붙이게 되면, 그 라벨이 붙은 사람이 실제로 그런 라벨과 같은 사람으로 변해간다는 '레테르 효과(Letter effect)'라는 것이 있다. 레테르(letter)는 라벨에서 나온 말로서, 상품명 및 상품에 관한 여러 사항을 표시한 종이나 헝겊 조각을 말하는데, 인간에게도 이와 비슷하게 어떤 특징을 표시하는 말을 해버리면, 그 사람에게 라벨이 붙게 되는 것이다.

인간은 생각보다 이 '레테르 효과'에 매우 약하다. 그래서 누군가가 당신에게 '당신은 이 분야에서 절대로 성공할 수 없겠군요. 그 어떤 재능이나 특출함이 보이지 않습니다.'라고 하면, 거의 대부분의 사람들이 좌절하고, 실제로 무의식 중에 그 사실이 자신에 대하여 제대로 규정한 것이라고 받아들이게 된다. 그 결과 정말로 그 분야에서 재능을 절대로 꽃피우지 못하는 무능한 사람으로 전락하게 된다.

한편 미국의 심리학자 조지프 르두(Joseph LeDoux)는 불안과 두려움의 차이를 연구하며, 두 감정이 인간의 행동에 어떻게 영향을 미치는지를 설명했다. 그는 두려움(fear)은 즉각적인 위협에 대한 본능적인 반응이며, 생존을 위해 필수적인 감정이라고 보았다. 반면, 불안(anxiety)은 학습된 감정으로, 실질적인 위험이 존재하지 않더라도 미래의 불확실성을 두려워하는 심리적 반응이다. 인간은 두려움을 느끼는 순간 신체가 즉각적인 반응을 보이지만, 불안은 우리를 행동에서 멈춰 서게 만든다. 즉, 두려움은 극복할 수 있는 감정이지만, 불안은 우리가 스스로 만들어낸 감옥일 수 있다.

천재들은 두려움을 없애려고 하지 않았다. 대신, 그들은 두려움을 인정하면서도 행동했다. 그들이 평범한 사람들과 다른 점은 두려움이 들 때 도망치는 것이 아니라, 오히려 그것을 직면하는 용기를 가졌다는 것이다. 프랭클린 루스벨트가 "우리가 두려워해야 할 유일한 것은 두려움 그 자체"라고 말한 것처럼, 천재들은 두려움이 존재하는 것을 받아들이되, 그것이 행동을 방해하도록 두지 않았다. 엘리너 루스벨트는 "매일 한 가지씩 두려운 일을 하라."고 말했다. 이는 새로운 도전을 통해 불안을 줄이고, 반복적인 경험을 통해 두려움을 다스리는 방법이다.

실제로, 많은 위대한 인물들은 자신이 두려움을 느꼈음을 솔직하게 인정했다. 마리 퀴리는 여성 과학자로서 시대적 편견과 싸우면서도 연구를 멈추지 않았고, 토머스 에디슨은 수천 번의 실패를 겪으면서도 계속 실험을 이어갔다. 그들에게 두려움은 장애물이 아니라, 오히려 성장의 과정이었다. 현대 심리학에서도 '노출 치료(exposure therapy)'를 통해 두려움을 극복하는 방법이 연구되었듯, 천재들은 자신이 가장 두려운 순간을 오히려 성장의 기회로 삼았다. 결국, 위대한 성취는 두려움이 없는 상태에서가 아니라, 두려움을 안고서도 나아가는 담대함에서 나온다.

천재와 거인이 되기 위해서는 담대함, 둔감함, 그리고 두려움을 극복하는 용기 그리고 끊임없는 실천이 필수적이다. 역사 속 위대한 인물들은 모두 이 세 가지 특성을 가졌다. 그들은 불완전한 상태에서도 과감히 시작했고, 실패 속에서도 멈추지 않았으며, 주변의 평가에 연연하지 않았다. 바로 지금, 한 걸음을 내딛는 것이 천재로 가는 길의 시작이다.

# 신동과 천재:

# 타고난 능력은 필요조건이 아니다

부인할 수 없는 사실 중 하나는 약간의 연습과 훈련으로 특별한 능력을 보여주는 신동이 엄연히 존재한다는 것이다. 18세기 영국의 법학자인 제러미 벤담(Jeremy Bentham)은 세 살에 라틴어 공부를 시작했고, 열두 살에 옥스퍼드 대학에 입학했다. 신동임에 확실하다. 유명한 수학자인 요한 폰 노이만(Johann von Neumann) 역시 여섯 살에 암산으로 여덟 자리 숫자의 나눗셈을 했다. 또한 미디어에 소개되는 신동들을 보면 충분한 연습이나 훈련을 할 수 있는 나이가 아님에도 특별한 능력을 발휘한다.

그렇다면 매우 어릴 때부터 신동이라는 소리를 듣는 이들은 과연 어떻게 만들어진 걸까? 보스턴 칼리지의 심리학자 엘런 위너(Ellen Winner)는 신동의 형성에 대해 두 가지 핵심 주장을 펼쳤다. 첫째, 신동은 특정 분야에서의 비범한 능력을 타고난다는 것이다. 둘째, 이러한 능력은 조기 환경과 집중적인 훈련을 통해 더욱 발전한다는 것이다.

또한 심리학자 안데르스 에릭슨의 연구에 따르면, '의도적인 연습'이 전문성 발달에 핵심적인 요소로 작용하며, 이는 신동들의 능력 발현에도 중요한 역할을 한다. 따라서, 신동은 타고난 재능과 함께, 조기 교육과 집중적인 훈련을 통해 만들어질 수 있다는 것이 현재 학계의 일반적인 견해다.

하지만 안타깝게도, 매우 어린 나이에 특별한 능력을 보인 신동들 대부분은 위대한 작품을 남기지 못한다는 사실이 연구를 통해 밝혀졌다. 이는 단순한 우연이 아니다. 신동들은 초기에는 뛰어난 능력을 보이지만, 성장 과정에서 몰입을 지속하지 못하거나, 창의적 사고를 발전시키지 못하는 경우가 많다. 심리학자들은 그 이유를 몇 가지로 설명한다.

첫째, 조기 발달이 정체되는 현상이다. 어린 나이에 특정 분야에서 두각을 나타낸다고 해서, 성인이 되어서도 같은 속도로 발전하는 것은 아니다. 일부 신동들은 반복적인 연습과 암기에 강할 뿐, 새로운 개념을 창조적으로 탐구하는 능력을 충분히 기르지 못하는 경우가 많다. 둘째, 외부의 기대와 압박이 걸림돌이 될 수 있다. 신동들은 종종 주변에서 '천재'라는 기대를 받으며 성장하지만, 시간이 지나면서 더 이상 급격한 성장을 보이지 않을 때 자신이 기대에 부응하지 못한다는 좌절감을 느끼고 창작 의욕을 잃기도 한다. 셋째, 장기적인 몰입과 학습 태도의 부족이다. 어릴 때 뛰어난 능력을 보였던 신동들이 지속적인 성장을 이루기 위해서는, 단순한 재능이 아니라 끊임없는 탐구와 도전, 그리고 자기주도적인 학습 태도가 필수적이다.

반면, 역사적으로 위대한 작품을 남긴 천재들은 대부분 신동으로 알려진 인물들이 아니었다. 예를 들어 다윈, 뉴턴, 아인슈타인, 괴테 같은 인물들은 유년기부터 주목받은 신동이 아니라, 오랜 시간 동안 깊이 있는 사고와 연구를 지속한 끝에 비범한 성취를 이루었다.

역사상 가장 놀라운 재능을 발휘했던 미술 신동 중 중국의 왕야니(Wang Yani)와 영국의 나디아 초멘코(Nadia Chomyn)가 있다. 왕야니는 다섯 살의 나이에 세상 사람들을 놀라게 할 만큼의 뛰어난 감각으로 원숭이 패널화를 그렸고, 이후 3년간 무려 4,000점의 그림을 그렸다. 나디아 역시 다섯 살 때 르네상스 거장의 작품과 비교될 정도로 높은 수준의 입체감과 디테일을 담고 있어 많은 이들의 주목을 받았다.

지금 그들의 이름을 아는 기억하는 이는 몇이나 될까? 물론 미술계에서는 유명할 수도 있겠지만 보통 사람인 우리에게는 피카소만큼 유명인이 아니다. 이들과 비교한다면 피카소는 어렸을 때 훨씬 못한 재능을 가지고 있었다. 그럼에도 피카소는 위대한 작품들을 많이 남겼다. 무엇이 이러한 차이를 만든 걸까? 그것은 바로 엄청난 노력과 집중력, 그리고 끈기라고 할 수 있다. 즉, 어린 시절의 특별한 능력보다도, 끊임없이 성장하려는 태도와 장기적인 몰입이야말로 진정한 천재를 만드는 핵심 요소라는 점이 더욱 분명해진다.

이 책에서 주장하는 1%의 법칙은 위대한 업적을 남긴 위대한 작가, 화가, 음악가, 건축가, 스포츠 선수, 학자, 과학자, 발명가 들은 모두 엄청난 노력과 훈련을 통해 엄청난 양의 아웃풋을 만들어냈고, 그 아웃풋 중 단지 1%만이 위대한 걸작의 반열에 올랐다는 것이다.

다윈과 톨스토이도 지극히 평범한 아이였다는 사실을 아는가? 역사상 가장 훌륭한 골퍼 중 한 사람인 벤 호건이 아이였을 때 주변 사람들과 부드럽게 지내지 못하고 버릇이 나빴다는 사실을 아는가? 20세기의 가장 유명한 예술가 명단이 발표될 때마다 빠지지 않는 사진작가 신디 셔먼이 처음으로 들은 사진 수업에서 낙제를 했다는 사실을 아는가? 가장 위대한 여배우 중 한 사람으로 꼽히는 제럴린 페이지가 재능이 부족하다는 이유로 연기

생활을 포기하는 게 낫겠다는 혹평을 들었다는 사실을 아는가?

캐롤 드웩이 『성공의 새로운 심리학』에서 한 말이다. 위대한 성과를 창출하고 위대한 업적을 이룩해낸 천재들은 오히려 어렸을 때 평범한 사람이었다는 사실을 잘 말해주고 있다. 이에 대해서는 앞으로 많은 예를 살펴볼 것이다.

천재는 태어나는 것이 아니라 만들어지는 것이라는 점을 증명하는 또 다른 지점은 역사적 사례에서 발견할 수 있다. 레오나르도 다빈치를 비롯해 갈릴레오, 뉴턴, 셰익스피어, 마틴 루터, 에라스뮈스, 토머스 모어, 미켈란젤로와 같은 인류 역사상 최고의 천재들이 유독 많이 배출된 장소와 시대가 공교롭게도 동일하다는 점이다.

다른 시대, 다른 장소와 확실하게 구별될 만큼 그들이 엄청난 창작 활동과 훈련을 할 수 있도록 시대적 분위기가 형성되었다는 점이다. 대표적으로 책의 숫자를 들 수 있다.

이들이 태어나기 전에는 유럽에 존재하는 책이라고 해야 총 3만 권 정도에 불과했다. 그런데 이들이 태어나서 자라고 성인이 되었을 무렵에는 이들의 주 무대였던 피렌체를 중심으로 총 800만 권이라는 엄청난 양의 책이 발행되었다. 인류 최초로 수많은 책이 폭발적으로 쏟아져 나와 한 장소에 몰린 것이다. 이 책들을 통해 이들은 엄청난 훈련과 연습, 공부와 창작 활동을 할 수 있는 환경을 인류 최초로 얻었던 것이다.

『열정과 기질』의 감역자의 글을 쓴 문용린 서울대 교수는 피카소와 장승업을 예로 들어 설명한다.

> 예컨대 피카소의 경우, 4살부터 피어난 그의 그림 재능(개인)은 아버지에게 감지되어 14살에서 20살까지 좋은 미술학교에 다니면서 심화되고 단련되었으며(일의 체험기회), 무수한 지지자와 경쟁자, 후원자를 통해서(타인) 온전한 창조성이 발휘된 것이다. 이런 피카소의 경우를 우리나라의 장승업과 비교해보면 이 모형의 진가가 드러난다.
>
> 장승업의 경우 역시 개인적 소질은 대단했지만 그 재능을 심화하고 강화시킬 기회가 없었으며(일의 체험기회), 그를 지지하고 격려해줄 후원자는 기껏해야 가난하고 어린 기생들(타인)뿐이었다. 그러니 장승업은 그만한 소

질을 타고났음에도 불구하고 피카소만한 창조적 대가가 되기는 어려웠던 것이다.

타고난 재능이 있다는 사실만으로 위대한 천재가 되거나 눈부신 걸작을 남길 수는 없다는 사실을 잘 보여준다. 자신의 일에 대한 체험기회와 재능을 향상시키는 데 도움이 될 타인을 확보하는 것도 중요하다. 또한 문용린 교수는 매우 재미있는 질문을 던진다.

피카소의 시대에 피카소의 주변이나 그가 모르는 사회에는 그와 유사한 소질과 재능을 가진 사람이 수백 명이상 존재했을 수도 있다. 그런데 왜 유독 피카소만이 그런 창조적인 작품을 그렸고, 또한 명성까지 얻을 수 있었을까?

이에 대한 답으로 하워드 가드너는 10년 주기론을 통해 창조성과 천재성이 단순한 타고난 능력이 아니라, 장기적인 몰입과 체계적인 훈련의 결과라고 주장한다. 심리학적으로 볼 때, 이는 전문성의 발전 과정에서 나타나는 '숙련의 법칙'(law of mastery)과 연결된다. 연구에 따르면, 특정한 분야에서 세계적인 수준의 창의성을 발휘하려면 최소 10년 이상의 집중적인 훈련과 학습이 필요하다. 예를 들어, 음악가들은 어린 시절부터 기초 훈련을 시작하여, 10년 정도 지나야 비로소 연주자로서의 독창적인 스타일을 갖추게 된다. 이는 운동선수, 과학자, 예술가 들에게도 동일하게 적용된다. 이처럼 창조성은 단순한 연습의 누적이 아니라, 의미 있는 실패와 피드백을 통해 끊임없이 개선되는 과정에서 형성된다.

또한, 신경과학적으로 보면, 이러한 장기적인 몰입은 신경회로의 효율성을 높이고, 문제 해결 능력을 강화하는 '인지적 융통성(cognitive flexibility)'을 발달시키는 데 중요한 역할을 한다. 그러나 단순한 연습만으로는 부족하며, '도전적 학습(challenging learning)'이 필수적이다. 이는 기존의 지식과 능력을 넘어서도록 유도하는 과정으로, 천재들은 이 단계에서 멈추지 않고 자신의 사고방식을 확장하고, 새로운 방식으로 문제를 해결하는 능력을 키운다. 즉, 창조적 천재들은 단순히 10년을 연습한 것이 아니라, 10년 동안 자기 한계를 밀어붙이며, 실패를 두려워하지 않고 새로운 시도를 반복한 사람들이다. 그렇기 때문에 같은 재능을 가진 사람들이 수백 명이 있다 해도,

누가 천재로 거듭나고, 누가 평범하게 남느냐는 결국 얼마나 의식적으로 노력하고, 지속적으로 도전하며 성장하는가에 달려 있다.

그렇다면 여기서 우리가 짚고 넘어가야 할 사항이 하나 있다. 그것은 똑같이 열심히 노력하고 연습을 했음에도 누구는 더 빨리 더 높게 더 멀리 가는 것은 왜 그럴까? 왜 누구는 10년 동안 연습을 하면 대가가 되는 데 왜 누구는 20년을 연습을 해도 평균 수준 이상도 되지 않는 것일까?

천재와 평범한 사람을 가르는 가장 큰 차이는 자신이 잘할 수 있는 분야를 올바르게 선택했느냐, 아니면 재능도 관심도 없는 분야를 평생 직업으로 삼았느냐에 달려 있다. 이 주제에 대해 오랫동안 연구한 학자가 바로 위대한 나의 발견, 강점 혁명의 저자인 마커스 버킹엄(Marcus Buckingham)과 도널드 클리프턴(Donald Clifton)이다. 그들은 우리가 흔히 생각하는 '노력'이나 '집중'만으로는 성공을 보장할 수 없으며, 개인의 강점을 정확히 발견하고, 그것을 극대화하는 과정이 반드시 필요하다고 강조한다.

그들의 연구에 따르면, 자신의 분야에서 탁월한 성과를 창출한 인물들이 (워런 버핏, 타이거 우즈, 빌 게이츠 등) 압도적인 성공을 거둔 이유는 단순한 근면함이나 운이 아니라, 자신의 강점을 일찍 발견하고 그것을 발전시키는 데 집중했기 때문이다. 예를 들어, 워런 버핏은 수학적 직관과 투자 감각이 뛰어났으며, 어린 시절부터 자본시장에 대한 깊은 흥미를 보였다. 타이거 우즈는 골프에 대한 압도적인 몰입과 기술적 재능을 결합하여 세계 최고의 선수로 성장했다. 빌 게이츠는 프로그래밍과 기술적 사고에서 남다른 강점을 발견하고, 이를 비즈니스로 연결해 마이크로소프트를 창립했다. 이들은 모두 자신의 관심과 재능이 일치하는 분야에서 10년 이상 집중적인 노력과 연습을 기울였고, 그 결과 천재적인 성취를 이루었다.

"인생의 진정한 비극은 우리가 충분한 강점을 갖고 있지 않다는 데에 있지 않고, 오히려 갖고 있는 강점을 충분히 활용하지 못한다는 데에 있다."

이 말처럼 신동으로 태어난 사람들이 자신의 강점을 충분히 활용하지 못하게 되면 평범한 사람으로 살아갈 수밖에 없다. 그리고 또한 평범하게 태어난 사람이더라도 자신의 강점을 발견하여 그것을 잘 활용한다면 그 강점이 위대한 재능으로 바뀔 수 있게 된다.

평범한 사람들이 인생의 중반을 지나 후반기에는 엄청난 능력과 재능을 보이면서 탁월한 성과를 창출해내는 사람들로 변신하게 되는 가장 큰 비결은 그들은 자신의 강점이 무엇인지를 잘 파악하였고, 그것을 발견한 후부터는 그것을 강화시키고 활용하는 데에 모든 것을 쏟아부었기 때문이다.

여기서 조심해야 할 사항은 자신의 강점이 무엇인지도 발견하지 못한 채 아무 분야나 섣불리 선택하여 평생 동안 모든 것을 쏟아붓는다고해서 그 분야에서 탁월한 성과를 창출해내는 거장이 된다는 보장은 전혀 없다는 사실이다.

물론 평생 엄청난 노력을 기울인다면 어느 정도의 수준은 가능할 것이다. 하지만 그렇게 많은 노력과 에너지와 시간을 자신의 강점 분야를 발견하고, 그것에 투자했다면 강점 분야가 아닌 분야에 똑같이 이러한 것들을 투자하여 얻게 되는 성과와 비교도 안 될 만큼 엄청난 차이가 나는 눈부신 성과를 얻게 된다는 사실을 알아야 한다.

# 도전하는 자만이

# 천재성을 꽃피운다

역사를 자세히 들여다보면, 위대한 인물들은 도전 앞에서 머뭇거리지 않았고, 불확실성과 실패를 두려워하지 않았다. 마이클 조던은 수많은 패배를 경험했지만, 그것을 자신의 성장 동력으로 삼았다. 그들이 천재라 불리는 이유는 단순히 재능이 뛰어나서가 아니라, 끊임없이 도전하며 자신을 단련했기 때문이다.

천재성과 평범함을 가르는 것은 재능이 아니라 도전하는 용기다. 도전하지 않는 사람에게는 아무것도 변하지 않지만, 도전하는 사람은 가능성을 확장하며 새로운 경지에 도달한다. 천재란 완벽한 순간을 기다리지 않고, 불완전한 상태에서도 한 걸음 내딛는 사람이다. 결국, 도전하는 자만이 자신의 한계를 뛰어넘고, 천재성을 꽃피울 수 있다.

마이클 조던은 고등학교 때 농구팀에서 한 차례 '짤리는' 수모를 경험할 정도로 재능을 인정받지 못했던 선수다. 집에 돌아와서는 온종일 울기만 했다고 한다. 지금에 와서는 그가 그런 일을 겪었으리라고 누가 상상할 수 있겠는가?

당시엔 그의 형인 래리가 훨씬 실력이 더 뛰어났다. 하지만 궁극적으로 위대한 성과를 내어 농구 황제라고 불리는 사람은 마이클 조던이다. 그는 전성기 때 너무나 오랫동안 공중에 머물 수 있어서 마치 중력의 영향을 받지 않는 사람처럼 보이기도 했다. '하느님이 조던으로 가장하고 나타났다'고 표현할 정도였다.

위대한 성과를 낼 수 있는 천재로 거듭나게 해준 것은 타고난 재능도, 유전자도 아니었다. 한마디로 연습 또 연습이었다. "더 많이 연습할수록 더 많은 행운을 얻게 되는 겁니다."라는 그의 말에서 우리는 이 사실을 확인할 수 있다. 그는 인터뷰에서 다음과 같이 말했다.

"나는 선수 시절 9,000번 이상의 슛을 놓쳤다. 그리고 300번의 경기에서 졌으며 20여 번은 경기를 반드시 승리로 이끌라는 특별임무를 부여받고도 졌다. 나는 농구 인생에서 실패를 거듭해왔다. 이것이 내가 성공한 정확한 이유다."

우리는 마이클 조던 역시 엄청난 양의 시도와 도전을 통해 그중 1%에서 세계적인 수준의 슛을 성공시켰고, 그 덕에 세계인을 열광시켰다는 사실을 발견할 수 있다. 그가 실패한 9,000번이 바로 그가 시도한 슛의 99%를 차지한다. 그리고 나머지 1%의 슛으로 세계를 놀라게 했으며, 농구 황제에 등극했다.

알베르트 아인슈타인은 "나는 그렇게 똑똑하지 않았습니다. 단지 문제를 풀기 위해 더 오랫동안 고심했을 뿐입니다."라고 말했다. 그가 위대한 과학자가 된 비결은 남들보다 더 오래, 더 많이, 더 노력했기 때문이다. 또한 미켈란젤로가 위대한 걸작인 〈천지창조〉를 그릴 수 있었던 가장 결정적인 요인도 엄청난 작업량이다. 그는 로마 시스티나 성당의 천장에 그림을 그리기 위해 4년에 가까운 시간을 단 하루도 빠지지 않고 천장에 매달렸다. 인간이 견딜 수 있는 한계를 벗어난 극심한 육체적 고통 속에서도 도전을 멈추지 않았다.

"하루에 세 시간씩 걸으면 7년 후에 지구를 한 바퀴 돌 수 있다. 위대한 업적을 이룬 것은 힘이 아니라 불굴의 노력이다."

영국 문학을 주도한 새뮤얼 존슨의 말처럼 위대한 업적은 능력이 아니라 엄청난 노력의 산물이다. 요즘엔 많은 사람들이 아무리 노력해도 소용없다며 쉽게 포기하지만, 노력은 결코 배신하지 않는다는 사실은 변함없는 진리다. 인내와 끈기를 가지고 끝까지 나아가는 사람만이 결국 그 가치를 깨닫게 된다. 최첨단의 과학적 연구와 사례 연구를 기반으로 능력주의, 재능, 기량, 정신에 대한 통념을 산산조각낸 책『베스트 플레이어』의 저자 매슈 사이드(Matthew Syed)는 재능이나 능력이 성공의 원인이라면 인내심을 발휘할 이유가 없다고 말하면서, 그것이 결코 성공의 원인은 아니라고 말한다.

영국의 음악가를 대상으로 실시한 연구를 보면, 최고 연주자라고 해서 성취수준이 낮은 연주자보다 학습속도가 빠르지는 않았다. 또한 수준이 다른 여러 그룹과 학습속도를 비교한 결과 거의 같은 속도로 실력이 향상됐다. 이들의 차이는 단지 최고 연주자들의 연습시간이 더 많았다는 것이다. 이후의 연구에서 발견된 바로는 최고 연주자가 어린 시절에 음악적 재능이 있어 보이는 이유는 대체로 집에서 부모에게 보충수업을 받았기 때문임이 밝혀졌다.

그렇다면 신동, 즉 청소년기에 이미 세계적인 수준에 도달한 아이는 어떻게 설명을 해야 할까? 그런 아이들의 학습속도는 최고로 빨랐을까? 그렇지 않다. 신동은 자칫 두 배나 빠른 속도로 정상에 도달한 것처럼 보이지만, 사실 그들은 출생 때부터 청소년기에 이르는 동안 엄청난 훈련을 집중적으로 했을 뿐이다.

킬 대학교(keele university) 심리학 교수 존 슬로보다(John Sloboda)는 "성취도가 높은 사람이 달성 속도가 빠르다는 증거는 전혀 없다."고 주장한다. 역사상 가장 성공을 거둔 골프 선수 잭 니클라우스(Jack Nicklaus)도 동일한 주장을 펼쳤다.

"연습을 하지 않고, 그러니까 수많은 샷을 쳐보지도 않은 상태에서 골프에 진짜로 능숙해지는 사람은 아무도 없습니다. 대부분의 선수를 짜증스럽게 하는 요인은 재능의 부족이 아니라 일관되게 좋은 샷을 반복해서 칠 수 있는 능력의 부족이죠. 이를 해결할 수 있는 유일한 방법은 연습뿐입니다."

매슈 사이드는 무엇보다 연습이 절대적인 성공의 원인이라는 사실을 밝혀냈다. 매우 어린 나이에 세계적인 수준의 실력을 갖춘 아이들조차도 엄청난 훈련을 집중적으로 했기 때문이라고 그는 정확하게 주장하고 있다.

영국 문학사상 가장 위대한 업적으로 손꼽히는 작품들을 탄생시킨 브론테 자매를 알고 있을 것이다. 이들은 지금도 영문학의 고전으로 손꼽히는 『제인 에어』, 『폭풍의 언덕』, 『아그네스 그레이』, 『와일드펠 홀의 주인』 등의 작품을 남겼다.

이 자매들 역시 어릴 때부터 글쓰기에 천부적 재능을 보여주었다고 알려져 있지만, 옥스퍼드에서 공부한 역사학자 줄리엣 바커(Juliet Barker)는 유럽 전역에서 자료를 수집하고 연구하여 1,000페이지에 달하는 『브론테 자매』를 출간했다. 그 책에는 브론테 자매의 초창기 책들이 미숙하기만 한 것이 아니라 뻔하기 짝이 없고, 심지어 다른 사람의 책을 표절하고 플롯을 베꼈다는 충격적인 사실도 들려준다.

한마디로 영문학의 고전을 탄생시킨 브론테 자매의 초창기 글쓰기 실력은 평범한 수준보다 더 못했다는 것이다. 하지만 이들이 어떻게 해서 영국 문학사상 가장 위대한 업적으로 손꼽히는 그런 놀라운 수준의 책들을 쓸 수 있었을까?

그 비결에 대해서 바커는 '그들은 다양한 형태의 많은 분량의 글을 썼다'는 데 초점을 맞추었다. 15개월 주기로 평균 80페이지에 달하는 작은 책을 22권씩 완결하며 엄청난 양을 집필했다. 3주에 한 권을 써낸 것이다.

전기 작가들은 브론테 자매의 막무가내식 글쓰기, 오싹할 정도로 엉망인 맞춤법, 10대 후반에 쓴 글에서도 찾아볼 수 없는 구두점 등을 그럴듯하게 얼버무린다. 눈에 띄는 미숙한 사고의 흐름과 성격 묘사도 마찬가지다. 초기 작품에 나타나는 이런 요소들 때문에 브론테 자매가 어린 나이에 그처럼 왕성한 문학적 시도를 했다는 사실이 평가절하 되는 것은 아니다. 그러나 그들이 타고난 소설가라는 관점의 근거는 심하게 흔들린다.

초기 작품들의 미숙함에도 후기에는 비평가들을 경탄케 한 작품들을 탄생시킬 수 있었던 것은 그들이 미숙한 작품을 만들어내는 데 엄청난 시간과 노력을 쏟아부었기 때문이다. 그들의 인생 말기에 탄생한 몇 권의 걸작은 어떻게 보면 그 이전에 99%의 작품들을 쓰면서 알게 모르게 향상된 실력이 쌓여 천재의 임계점을 돌파했기 때문일 것이다.

이렇게 임계점을 돌파하기 위해서는 반드시 필요한 것이 쉼 없는 노력이다. 그래서 새뮤얼 스마일즈는 '사람의 위대함은 노력에 의하여 얻어진다. 문명이란 참다운 노력의 산물인 것'이라고 말했다. 엄청난 노력을 하는 사람들은 하나같이 엄청난 도전을 꿈꾸고 그것을 실천한 것이다.

적당히 도전하고 적당히 대충 대충 살면서 위대한 걸작을 만든 사람은 아무도 없다. 뿐만 아니라 꾸준함을 이길 수 있는 그 어떤 재주도 이 세상에는 존재하지 않는다. 성공학 도서의 원조 격인 새무얼 스마일즈의『자조론』은 위대한 예술가들은 모두 남다른 노력의 대가들이라고 말한다.

다른 분야와 마찬가지로 예술계에서도 분골쇄신의 노력이 없이는 성공할 수 없다. 명화나 빼어난 조각상은 결코 우연히 만들어지는 것이 아니다. 물론 천재성도 있어야겠지만 미술가가 능숙한 솜씨로 붓이나 조각칼을 쉴 새 없이 움직여야만 만들어지는 노력의 산물이다.
그림이든 다른 예술이든 남보다 뛰어난 작품을 만들겠다고 결심한 사람은 아침에 일어나서 저녁에 잠자리에 들 때까지 온 정신을 한 가지 대상에 집중해야 한다. 두각을 나타내기로 결심한 사람은 좋든 싫든 아침이나 낮이나 밤이나 가릴 것 없이 작업에 매달려야 한다.

모든 대가들이 처음에는 모두 아마추어였고, 풋내기에 불과했다는 사실은 우리에게 큰 위로가 된다. 하지만 그들은 자신들이 아마추어였고, 아무도 주목하지 않았을 때 조차도 우리들이 상상도 하지 못할 엄청난 꿈을 꾸고, 엄청난 도전을 한 사람들이었다. 바로 그러한 엄청난 도전에서 시작되어 그들은 하늘을 날아다닐 정도로 엄청난 도약을 경험할 수 있게 되었던 것이다.

　"큰 목표를 설정해놓고 부단히 노력하는 사람은 인생의 진정한 승리자다."
　세네카의 말이다. 우리가 엄청난 도전을 하고 있다면 그것으로 반은 성공한 것이라고 말할 수 있다. 노력과 습관은 우리를 절대로 배신하지 않기 때문이다.

　"사람의 행위는 늘 반복된다. 따라서 탁월함이란 단일 행동이 아닌 습관이라 할 수 있다."
　고대 그리스 철학자 아리스토텔레스의 이 말은 진리다. 탁월하게 되고 싶다면 엄청난 도전을 하고, 그것을 매일 하는 것을 습관으로 만들어버리면 된다.

# 압도적인 양이

# 탁월함을 만들어낸다

"양이 질을 이긴다."

내가 가장 좋아하는 말이다. 나처럼 직장 생활을 10년 이상 한 것 외에 딱히 특별한 재능을 갖추지 못한, 평범한 사람 중에서도 지극히 평범한 40대 중반 남자에게는 큰 힘과 위안이 되어주는 말이다. 한마디로 나는 질적 수준을 향상시켜오지 못했다. 핑계를 대자면 평생 먹고살기 바빴기에 그럴 겨를이 없었다. 나보다 뛰어난 이들을 이겨낼 수 있는 유일한 방법은 남들보다 열 배, 백 배 더 연습하고, 훈련하며, 책을 읽고, 글을 쓰는 것뿐이다.

그래서 남들이 1년 동안 100권의 책을 읽고, 독서 고수들이 1,000권을 독파할 때, 나는 1년에 3,000권을 읽으며 오직 책에 파묻혀 살았다. 다른 작가들이 1년에 한두 권의 책을 집필할 때, 나는 열 권, 스무 권을 써내며 쉴 새 없이 글을 썼다. 때로는 일주일에 한 권을 완성할 정도로 극한의 속도로 집필에 몰두했다. 그것이 나를 성장하게 했고, 남들과의 격차를 좁힐 수 있었다.

이러한 모든 것의 가장 큰 원동력은 내가 스스로의 부족함을 안다는 것이다. 혹시 내가 남들보다 질적으로 수준이 높은 박사이거나 이름 있는 학자였다면 1년에

3,000권이라는 책을 읽기 위해 목숨을 걸지 않았을 것이다. 그렇게 미친 듯이 파고들지 않아도 어느 정도 이름난 사람이면 그의 책은 많은 이들이 읽어주기 때문이다. 세칭 학벌이나 유명세가 도와주기 때문이기도 하다. 하지만 배경도 학식도 질적 수준도 아무것도 없는 평범하다 못해 형편없는 내가 작가로서 일가를 이루기 위해서는 목숨을 걸고 양으로 승부하는 길밖에 없었다.

그래서 나에게 3년 동안 거의 1만 권에 가까운 책을 읽었다는 사실은 자화자찬이 아니라, 질적 부족함을 보완하기 위한 몸부림이었다. 나는 늘 이를 되새기며, 앞으로도 초심을 잃지 않도록 스스로를 다잡는다.

그런데 정말 양이 질을 낳고, 양이 질을 이기고, 양이 질을 높여주는 것일까? 이러한 의문에 대해 아주 잘 답해주는 재미있는 실험이 있다. 『예술가여 무엇이 두려운가』의 저자 데이비드 베일즈(David Bayles)는 예술가들에게 두려워하지 말고 당부하면서, 완벽이라는 함정에 빠지지 말라고 한다. 그러면서 재미있는 실험 이야기를 들려준다.

수업 첫날 도예 선생님은 학급을 두 그룹으로 나누어서,

작업실의 왼쪽에 모인 조는 작품의 양만을 가지고 평가하고, 오른편 조는 질로 평가할 것이라고 말씀하셨다. 평가방법은 간단했다. 수업 마지막 날 저울을 가지고 와서 '양 평가' 집단의 작품 무게를 재어, 그 무게가 20킬로그램 나가면 'A'를 주고, 15킬로그램에는 'B'를 주는 식이다. 반면 '질 평가' 집단의 학생들은 'A'를 받을 수 있는 완벽한 하나의 작품만을 제출해야만 했다. 자, 평가 시간이 되었다. 그런데 이상한 일이 생겼다. 가장 훌륭한 작품들은 모두 양으로 평가받은 집단에서 나왔다는 사실이다. '양' 집단이 부지런히 작품들을 쌓아나가면서 실수로부터 배워나가는 동안, '질' 집단은 가만히 앉아 어떻게 하면 완벽한 작품을 만들까 하는 궁리만 하다가 종국에는 방대한 이론들과 점토 더미 말고는 내보일 게 아무것도 없게 되고 만 것이다.

훌륭한 작품을 완벽한 작품과 동일한 것으로 생각하면 큰 오산이다. 예술은 사람이 하는 것이며 사람이라면 누구나 실수를 하기 마련이다. 그러므로 예술 작품에도 오점이 있는 것은 당연하다.

재미있는 이 실험에서 우리는 질이 높은 완벽한 하나의

작품을 만들기 위해 온갖 궁리를 하며 전전긍긍하는 사람들보다는 질이 낮고 불완전해도 자꾸 작품을 만들어나가는 사람들이 궁극적으로는 훨씬 많은 질 높은 작품을 만들어내게 된다는 귀중한 교훈을 얻을 수 있다.

이 실험을 통해 우리가 생각해봐야 하는 것은 질에 연연하지 않고 마음껏 창작 활동을 할 수 있는 대범함 속에 천재성이 숨겨져 있다는 사실이다. 행동하고 도전할 때 질의 향상도 기대해볼 수 있다.

자. 이제 우리는 중요한 사실을 하나 배웠다. 대담하게 시작하여 작품을 만들어내는 것이, 우리 내면에서 숨겨져 있고 잠자고 있는 천재성을 깨우는 좋은 방법이라는 사실을 말이다.

양이 질을 창출한다는 원리를 깨닫고 실천하여 성공한 대표적 인물 중 하나가 일본 작가 나카타니 아키히로이다. 그의 작품은 한국에서도 큰 인기를 끌었으며, 대표적인 베스트셀러로 『20대에 하지 않으면 안 될 50가지』, 『30대에 하지 않으면 안 될 50가지』, 『면접의 달인』 등이 있다. 그는 남들보다 열 배가 넘는 창작 활동을 통해 자신의 재능을 향상시키고 자신을 넘어섰다. 그 역시 다음과 같은 말을 했다.

"재능에 자신이 없으면 양으로 승부하자."

그는 말만 그렇게 한 것이 아니라 실제로도 우리의 상상을 뛰어넘는 실천을 했다. 자신의 부족한 재능을 보완하고 향상시키기 위해 우선 대학 시절 4년 동안 남들은 상상도 하지 못할 정도의 책과 영화를 섭렵하여, 양을 늘렸다. 그는 무려 4,000권의 책을 읽고 4,000편의 영화를 봤다고 한다.

더욱더 놀라운 사실은 일본에서 저술왕으로 불리며 한 해 평균 60권 안팎의 책을 쓴다는 것이다. 일주일에 한 권꼴이다. 그는 20년 동안 900여 권의 책을 써냈다. 지금은 이 수치가 더욱더 높아졌을 것이다. 과연 어떻게 해서 이렇게 많은 책을 쓸 수 있었을까? 아마도 그가 이렇게 많은 책을 써낼 수 있었던 가장 큰 힘은 그가 읽었던 수천 권의 책과 그의 남다른 노력에 있었을 것이다.

소설가 이문열은 인터뷰에서 1,000권의 책을 읽으면 베스트셀러 작가가 될 수 있다고 했다. 자신도 처음에는 작가가 되는 것이 꿈이 아니었지만, 3년 동안 1,000권의 책을 읽고 작가가 될 수 있었다고 한다.

이문열 씨가 북에서 잘나가던 아버지 때문에 젊은 날의 꿈을 접어야 했을 때 3년 동안 1,000권의 책을 읽고 작가가 되었다는 글을 읽은 적이 있다. 그때 나는 알았다. 3년 동안 1,000권의 책을 읽으면 인생이 바뀐다는 것을. 그전까지 그는 작가지망생이 아니었다.

이희중이 〈전북일보〉에 연재한 '이희중의 문학편지' 칼럼을 접했을 때, 나는 강한 충격을 받았다. 1,000권의 책이 한 사람의 인생을 바꿀 수 있다는 사실이 명확해졌기 때문이었다. 그러고 보면, 수많은 천재들 중에서 독서를 소홀히 하거나 공부를 게을리한 사람은 단 한 명도 없다. 그들은 모두 독서를 통해 끊임없이 사고를 확장하고, 배움을 멈추지 않았다. 독서는 단순한 지식 습득을 넘어, 한 사람의 사고방식을 바꾸고, 창의력과 문제 해결 능력을 키우는 가장 강력한 도구였던 것이다.

독서를 통해 엄청난 양의 지식과 경험을 쌓으면 질도, 수준도, 재능도 저절로 향상된다는 사실을 명심해야 한다. 압도적인 노력만이 걸작을 탄생시키며, 끊임없는 몰입이 비범한 성취를 이루는 아웃라이어를 만든다.

"아웃라이어가 되는 데 제1요인은 천재적 재능이 아니라, 소위 '1만 시간의 법칙'이라 불리는 쉼 없는 노력이다."

『아웃라이어』의 저자 맬컴 글래드웰의 말처럼 비범한 성취를 이루어내는 천재가 되는 길은 쉼 없는 노력이다.

『지적 생활의 발견』의 저자인 일본의 평론가이자 교수인 와타나베 쇼이치는 기계적인 글쓰기 역시 걸작을 탄생시키는 요인이라고 말한다. 즉, 무조건 쓰다 보면 걸작이 하나쯤은 나온다는 뜻이며, 이는 결국 양이 질을 만들어낸다는 개념과도 맞닿아 있다. 이를 뒷받침하기 위해 그는 노벨 물리학상 수상자 윌리엄 쇼클리(William B. Shockley)의 사례를 들었다.

쇼클리는 학자의 지능을 평가하는 척도는 그가 발표한 논문의 수라고 주장했다. 그의 연구에 따르면, 논문의 수가 많을수록 그중 뛰어난 연구가 나올 확률도 높아진다. 즉, 1년에 10편의 논문을 쓰는 학자와 1년에 1편을 겨우 발표하는 학자 사이에는 시간이 흐를수록 실력과 업적 면에서 압도적인 차이가 발생할 수밖에 없다. 이는 단순한 노력의 반복이 아니라, 지속적인 생산 과정 속에서 창의성과 깊이가 더해지면서 탁월한 성과가 나올 가능성이 커진다는 것을 의미한다.

비록 첫 번째 성과물의 수준이나 업적이 비슷하거나 훨씬 못하다고 해도 일을 기계적이고 규칙적으로 해대는 사람들은 철학자든 예술가든 작가든 필연적으로 엄청나게 많은 작업물을 생산하게 된다. 천재로 도약하는 이들도 모두 기계적으로 일을 하므로 엄청난 양의 창작물을 만들어낸다.

기계적으로 일하는 사람들은 처음부터 숙련되어 있었던 게 아니라 수많은 작품을 만들면서 기술을 익혀나갔을 것이다. 그리고 이렇게 해서 일하는 기술에 숙달되면 미리 구상하지 않고 시작해도 걸작을 만들 수 있다. 이것이 '양이 질을 낳는 창조의 메커니즘'이다.

금세기 최고의 사고법이라 평가 받고 있는 '마인드맵'의 창시자인 영국의 교육 심리학자인 토니 부잔(Tony Buzan)은 자신의 저서 중에 하나인 『생각의 지도 위에서 길을 찾다』라는 책을 통해 기발하면서도 창의적인 아이디어를 어떻게 생각해 낼 수 있는지에 대해 소개하고 있다. 그런데 그가 소개하는 비법 중에 하나는 바로 양을 절대로 제한하거나 축소하지 말라는 것이다.

그렇다면 위대한 창의적인 천재들은 완벽한 아이디어를 단순히 하나씩 연이어 내놓았을까? 물론 아니다. 그들이 한 일은 아이디어들을 쏟아낸 것이다. 이렇게 나온 아이디어 중 많은 수는 특별히 훌륭한 것이 아니었다. 하지만 그건 훌륭한 것과 비교하였을 때 '훌륭하지 못한' 것뿐이었다.

질적인 문제와는 상관없이, 위대한 창의적인 천재들은 끊임없이 아이디어를 내놓으면서 실제로는 자신들이 매우 수준 높은 아이디어를 내놓았다고 장담하고 있었다. 그들은 자신의 좌뇌와 우뇌가 서로 의사소통할 수 있도록 공동 작용의 '증식하는' 사고 과정을 만들어내고 있었다. 이 사고 과정은 자신의 머리를 어떻게 사용해야 하는지를 아는 모든 사람들의 전형적인 방식이다.

천재를 소개하기 위한 가이드로 레오나르도는 완벽한 사례였다. 그는 자신의 노트에 생각나는 대로 아무렇게나 문자 그대로 '멋대로 갈겨' 썼고, 그 내용에서 '천재'의 아이디어가 튀어나왔다.

100개 중에 단 한 개라도 걸작이 나오면 천재가 되는 것이다. 평범한 사람들이 천재가 되지 못한 이유는 99개의 평범한 작품만을 만들고 그 지점에서 멈추거나 포기해버리기 때문이다. 천재들이 남긴 불후의 명작은 동일한 천재가 남긴 또 다른 99개의 불후의 명작 중에 하나가 아니라 전혀 다른 수준의 졸작 99개 중에 유일하게 빛이 나는 한 개의 명작이라는 점이다.

그 어떤 천재도 영화나 드라마에서처럼 딱 하나의 작품을 남겼는데 그것이 불후의 명작이 된 경우는 없다. 만약에 그런 경우가 있다면 그것은 그 작품을 만들기 전에 공개되지 않은 엄청난 비공식 작품들이 존재했다고 보아야만 한다. 박종하의 『상상력에 불을 지피는 아이디어 충전소』라는 책에 나오는 내용이다.

> 여기서 질문을 하나 던져보겠다. 다음의 숫자들은 무엇을 의미할까?
> 모차르트 600, 프로이트 650, 렘브란트 650/ 2,000,
> 아인슈타인 248, 피카소 20,000, 다윈 119,
> 매슬로 165, 셰익스피어 154, 에디슨 1,093

이미 눈치챘을지도 모르겠지만 모차르트는 600편 이상의 작품을 작곡했고, 프로이트는 650편의 논문을 썼으며, 렘브란트는 650장의 그림과 2,000장의 스케치를 남겼다는 뜻이다.

　천재들은 이처럼 방대한 양의 작품들을 남기는 공통된 모습을 보인다. 실제로 보면 그들의 논문이나 작품들 중에는 정말 형편없는 것들도 많다. 그러나 천재들은 그것들 중 자신들의 대작을 만들어내고 그것만으로 세상의 인정을 받는다.

　화학결합의 본질을 밝힌 업적으로 노벨 화학상을, 핵실험 금지 운동을 포함한 평화운동으로 노벨 평화상을 수상한 라이너스 폴링도 역시 양이 질을 낳는다는 사실에 대해 잘 알고 있었던 인물임에 틀림없다.
　"좋은 생각을 얻는 최상의 방법은 많은 생각을 하는 것이다."

　그의 말처럼 좋은 작품을 만들기 위한 최상의 방법은 많은 작품을 만드는 것이다.

생각과 훈련이 만드는

무한한 가능성

우리는 한 가지 중요한 사실을 인정해야 한다. 우리의 지능과 재능은 생각과 태도, 훈련과 연습에 따라 두 배, 세 배, 심지어 다섯 배 이상도 확장될 수 있다. 마치 고무줄처럼 늘어날 수 있는 것이며, 어쩌면 이러한 확장된 상태가 본래의 정상적인 모습이고, 현재의 제한된 상태야말로 비정상일지도 모른다.

데이비드 솅크는 지능이 고정된 것이 아니라, 유연하게 변화할 수 있다는 사실에 대해 다음과 같이 설명했다.

다시 말하면, 지능은 고정되어 있지 않다. 지능은 보편적인 것이 아니다. 지능은 결정된 어떠한 것도 아니다. 지능은 역동적이고 확산되며 진행 중인 과정이다. 이러한 결과는 미하이 칙센트미하이와 동료들의 초기 결론과 꼭 맞아떨어진다. "높은 학문적 성취를 한 사람들이 다른 이들보다 반드시 '더 영리하게' 타고날 필요는 없다. 그러나 이들은 확실히 더 열심히 일하고 더욱 자기 훈련을 하는 사람들이다."

인간의 지능을 재는 것이 탁자의 길이를 재는 것과 같다고 우리 스스로를 속일 수는 있다. 그러나 사실은 다섯 살 아이의 몸무게를 재는 것과 더 비슷하다. 어떤 측정

기구가 있더라도 당신은 오직 오늘의 무게만을 잴 수 있다. 내일 그 아이를 재면 어떨까? 그 아이와 우리 모두에게 달려 있다.

결론적으로, 지능과 재능은 타고나는 것이 아니며, 고정불변의 것도 아니다. 이를 더욱 폭넓은 시각에서 설명한 책 중 하나가 『왓칭: 신이 부리는 요술』이다. 이 책의 저자는 25년 차 베테랑 방송국 기자로, 양자물리학의 '관찰자 효과'에 대해 주목하여 집필했다고 한다.

또한 제러미 리프킨의 『소유의 종말』과 『공감의 시대』 역시 현대 사회에서 '접속'과 '공감'이 왜 필수적인 요소인지 설명하며, 양자역학의 관찰자 효과와 같은 개념을 바탕으로 자신의 이론을 펼친다. 이러한 연구들은 인간의 능력과 가능성이 환경과 태도에 따라 얼마든지 변화할 수 있으며, 우리의 사고방식이 현실을 형성하는 데 중요한 역할을 한다는 사실을 시사한다.

관찰자 효과란 인류 과학 역사상 가장 아름다웠던 실험이라고 평가되는 이스라엘 와이즈만 과학원에서 1998년 실시된 '이중슬릿 실험'을 통해 증명된 것인데, 미립자들이 관찰자의 의도와 의지에 따라 그대로 변화한다는 것을 말한다. 가령 빛에 대해서 우리가 알고 있는 것은 입자이기도 하고 파동이기도 하다는 것이다. 이것이 바로 빛의 이중성이다. 이와 함께 이 실험에서도 누군가 바라보면 미립자가 슬릿을 직선으로 통과해 뒷면에 알갱이 자국을 남기고, 누군가가 바라보지 않으면 미립자는 물결로 변해 두 슬릿을 통과한다. 결과적으로 슬릿 뒤의 벽면에는 놀랍게도 알갱이 자국이 아니라 여러 개의 물결이 서로 간섭하면서 만들어낸 자국이 남게 된다.

똑같은 미립자인데도 누군가 바라보면 알갱이가 되고, 바라보지 않으면 물결(파동)이 되는 것이다. 다시 말하면 미립자는 관찰자가 있는지 없는지를 미리 알고 있다는 것이다. 그런 점에서 매우 놀라운 실험 결과라 하겠다.

다르게 말하자면 미립자는 우리 인간의 생각을 읽어내고, 그에 따라 어떻게 반응할지를 선택하고 행동한다는 것이다. 노벨 물리학상을 받은 하이젠베르크는 다음과 같이 말했다.

"관찰이라는 행위 자체가 관찰자를 관찰 대상에 직접 연루시키며, 이것은 관찰결과에 영향을 미친다."

이것이 허투루 하는 말이 아니라 우리 주변에서 실제로

일어나고 있다는 사실에 우리는 놀라움과 충격을 받지 않을 수 없다. '지켜보는 냄비는 끓지 않는다'라는 속담이 있다.

이 속담은 양자물리학의 '양자 제논 효과'와 유사한 측면이 있다. 이 효과는 한 시스템을 지속적으로 관찰하면 그 상태 변화가 억제될 수 있음을 나타낸다. 하버드 대학교 물리학자 이타노 박사는 베릴륨 원자 5,000개를 가열하는 실험에서, 관찰 빈도가 높을수록 원자들의 상태 변화가 지연되는 현상을 발견했다. 이는 지속적인 관찰이 시스템의 변화를 늦출 수 있음을 시사한다.

이처럼 관찰자가 관찰하는 존재에 대해 어떤 생각을 하고, 어떤 말을 하고, 어떤 기대를 하느냐에 따라 그 대상은 전혀 다르게 반응한다. 여기에서 시작하여 양자물리학의 관찰자 효과를 자기계발로 진화시킨 개념이 바로 '왓칭(Watching)'이다.

편견 한마디가 한 인간의 평생을 좌우한다는 것도 왓칭 개념으로 충분히 설명된다. 누군가가 어린아이한테 '너는 정말 멍청하구나. 커서 뭐가 되겠니?"라고 말했다고 하자. 아이에게는 그 말이 비수가 되어 꽂히고, 자기 자신이 멍청하다고 생각한다. 그러한 생각은 그 아이가 평생 멍청하게 살아가도록 가두는 효과가 있다. 이와 반대로 지금 당장 자신을 향해 '나는 누구보다 똑똑해. 나는 어제와 다른 삶을 살 거야. 나는 이제 최고야.'라고 스스로에게 말하며 자기 자신을 관찰하는 주체가 된다면, 그 사람은 점점 더 똑똑하고 자신감 있는 삶을 살아갈 가능성이 높아진다.

실제로, 관찰자 효과가 우리의 지능과 재능을 변화시킬 수 있다는 사실을 뒷받침하는 연구가 있다. 심리학자 맥퍼슨(McPherson)은 악기를 연습하는 어린이 157명을 장기간 추적 조사하며, 자신을 어떻게 바라보느냐에 따라 음악적 재능의 발전 속도가 달라진다는 사실을 밝혀냈다. 즉, 스스로를 유능한 음악가라고 인식한 아이들은 실제로 더 빠르게 성장한 반면, 자신의 재능을 의심한 아이들은 발전 속도가 더뎠다. 이 연구는 자기 인식과 태도가 개인의 능력 형성에 중요한 역할을 한다는 점을 시사한다.

이 아이들이 연습을 시작하기 전에 다음과 같은 질문을 했다.

"너는 음악을 얼마나 오래 할 거니?"

연구에서 아이들은 세 가지 유형으로 나뉘었다. 1년 정도만 연습하다가 그만둘 것이라고 말한 아이들, 고등학교까지는 계속할 것이라 한 아이들, 그리고 평생 음악을 하겠다고 결심한 아이들이었다. 흥미롭게도, 이들의 대답은 실제 연주 실력과 놀랍도록 정확하게 일치했다. 단기간만 할 것이라고 말한 학생들은 자신을 음악가로 인식하지 않았고, 평생 음악을 하겠다고 한 학생들은 스스로를 음악가라고 바라보았다.

이 연구가 시사하는 바는 분명하다. 음악적 재능을 향상시키는 가장 중요한 요소는 연습의 양이 아니라, 자기 자신을 어떻게 바라보느냐다. 스스로를 음악가라고 생각한 학생들은 연습 시간이 상대적으로 적었음에도 불구하고, 이미 훌륭한 음악가처럼 특출한 재능을 발휘했다. 연구 결과에 따르면, 음악에 대한 열린 마음과 '나는 음악가다'라는 자기 인식만으로도 음악적 재능이 네 배 이상 향상될 수 있다. 이것이 바로 왓칭의 효과이자, 관찰자 효과의 또 다른 예다.

많은 예술가들이 슬럼프에 빠지는 이유 역시 심리적 요인과 깊은 관련이 있다. 처음에는 과감하게 도전하며 재능을 발휘하지만, 어느 순간 자신을 의심하고 두려움을 갖게 되면 발전이 멈추고, 결국 슬럼프에 빠지게 된다. 그러나 관찰자 효과를 활용해 스스로를 다시 긍정적으로 바라본다면, 슬럼프는 쉽게 극복될 수 있다. 이는 단순한 자기 암시가 아니라, 자신을 바라보는 방식이 실제 성과에 직접적인 영향을 미친다는 심리학적 원리를 보여주는 사례다.

이와 비슷한 원리로 자기규정 효과(self-definition effect)가 있다. 창조적인 인물들의 성장 과정에서부터 교육 배경에 이르기까지 수많은 요인을 조사한 결과, 창의성에 영향을 미치는 요소가 한 가지 있다는 사실을 발견해냈다고 한다. 그것이 무엇일까? 바로 '창조적인 사람들은 모두 자기 자신을 스스로 창조적인 사람이라고 생각한다'는 것이다. 자기규정 효과란 자기 자신이 어떤 사람인지 스스로 규정하면 실제로 그와 같은 사람이 되어버린다는 것이다. 자기 자신에게 창조적이라고 규정하면 그 규정이 생각과 행동을 결정하고, 나아가 운명까지 결정하게 된다는 말이다.

천재들은 자기 자신에게 '넌 최고가 될 수 있어.'라고 끊임없이 암시했던 사람들이다. 최소한 자신이 선택한 분야에서 놀라운 성과를 보여 세상을 놀라게 할 것이라고 굳게 믿었던 사람일 것이다.

직업적 성취나 학업 향상, 재능의 성장에서 인지적 능력이나 재능보다 사람들이 가진 생각과 신념이 훨씬 중요하다. 이에 대해 연구해오고 있는 캐롤 드웩 교수는 다음과 같은 말을 했다.

"내 지능은 내가 어떻게 바라보느냐에 따라 고무줄처럼 줄기도 하고 늘어나기도 한다."

그의 말은 지금까지의 이야기를 잘 정리해준다. 자신의 지능에 대해 긍정적으로, 희망의 시선으로 바라보는 사람에게는 남모를 자신감이 존재하기 마련이다. 그러한 자신감은 재능의 또 다른 이름이다.

"자신감은 재능의 또 다른 이름이다."

자신에 대한 믿음으로 가득 차 있는 사람은 어떤 일을 해도 잘해낼 수 있다. 하지만 자신을 부정적으로 생각하는 사람은 스스로를 믿지 못한다. 충분히 잘해낼 수 있다는 사실을 의심하고 믿지 않으므로 있던 재능도, 소질도 힘을 발휘하지 못하는 것이다.

이에 대해 미국의 유명한 컨설턴트인 팀 샌더스(Tim

Sanders)는 다음과 같이 말했다.

스탠퍼드 대학의 앨버트 반두라(Albert Bandura) 교수는 학생들의 자신감에 대해, 그리고 자신감이 학업과 시험에 미치는 영향에 대해 연구했다. 그 결과, 자신감을 가진 학생들은 어떤 과제도 성공적으로 풀어나갈 능력이 있다고 믿는 '자기 효능감'을 갖고 있음을 알아냈다. 그렇다면 이런 감각은 어디서 비롯되는 것일까?

성형외과 의사인 맥스웰 몰츠는 자신의 대표적인 저서인 『성공의 법칙』을 통해 자아상과 자기 효능감에 대해 언급했다. 학생 스스로 '나는 바보야. 나는 수학을 못해'와 같은 생각을 반복적으로 하면, 실제로 그런 최면에 빠져 성적이 나빠진다. 게다가 그런 사람들은 무의식적으로 자신에게 최면을 걸어 성적이 안 좋은 것을 도덕적으로 정당화하기까지 한다. 가령 실제로 성적표에 F학점이 나왔을 경우, '그래 역시 내 예상이 맞았어!"라고 생각한다.

자신에 대한 높은 자아상과 자기 효능감을 가질 때와 그렇지 않을 때, 동일한 사람이라도 발휘할 수 있는 능력에는 큰 차이가 난다. 꾸준히 자기계발을 실천하는 사람은 무의식적으로 더 큰 성공을 추구하며, 결국 위대한 성과를 창출하는 인물로 성장한다. 이를 실현하는 가장 효과적인 방법은 '할 수 있다'는 믿음을 가지고 매일 도전하는 것이다.

자신이 위대한 성과를 창출할 수 있다고 믿으면 가능성이 열리지만 스스로 불가능하다고 단정 지으면 정말로 할 수 없게 된다. 결국 우리의 숨겨진 재능을 끌어내는 결정적인 스위치는 바로 우리의 생각과 마음가짐이다. 따라서 자신의 재능 스위치를 항상 켜두고, 긍정적인 자아상을 유지하며 끊임없이 도전하는 사람이 되어야 한다.

"나는 무엇이든 할 수 있다. 나는 천재다. 나는 할 수 있다."


재능과 지능은 이처럼 자신을 어떻게 바라보느냐에 따라, 어떤 생각을 하느냐에 따라, 어떤 스위치를 켜느냐에 따라 고무줄처럼 늘어나기도 하고 줄어들기도 한다는 사실을 살펴보았다. 당신은 이제부터 자신을 어떻게 정의하고, 어떻게 바라보겠는가? 선택은 자유다. 하지만 그 결과는 너무나 판이하다는 사실을 명심해야 할 것이다.

『1%만 바꿔도 인생이 달라진다』라는 책에서도 성공하는 사람은 자신이 특별한 재능을 타고났다고 스스로 믿는 사람들이며, 반대로 자신이 특별한 재능을 타고나지 않았다고 생각하는 사람들은 절대 성공할 수 없다고 말한다.

오래전 미국이 불경기로 허덕일 때의 일이었다. 한 은행이 망해 예금을 인출할 수 없을 것이라는 소문이 돌았다. 그리고 소문을 들은 많은 사람들이 은행으로 달려가 예금을 인출해 갔다. 은행의 잔고는 금방 바닥이 났고 결국 파산하고 말았다. 단지 소문이었던 일이 사실이 된 것이다. 사회학자 로버트 버튼은 이러한 현상을 '자성예언(自成豫言, Self-fulfilling Prophecy)'이라고 명명했다. 이 말은 기대를 하게 되면 기대와 같은 결과가 일어난다는 뜻이다.

무언가에 대해 기대를 가지면, 실제로 그 기대에 부합하는 결과가 나타난다. 그렇다면 우리도 스스로에게 "나는 천재다."라고 예언하고 기대해보자. 의심 없이 믿으면, 그 기대에 맞춰 자연스럽게 연습하고 노력하게 되고,

결국 그 기대를 실현하게 될 것이다.

자신에게 특별한 재능이 없다고 믿는 사람은 성공할 수 없다. 그 이유는 단순하다. 스스로 재능이 없다고 확신하는 순간, 낮은 목표를 설정하게 되고, 도전할 이유가 사라지기 때문이다. 목표가 낮으면 간절함이 생기지 않고, 피나는 노력을 할 필요도 없어진다. 반면, 높은 목표를 가진 사람들은 그것을 이루기 위해 끊임없이 자신을 단련하며 도전한다. 결국, 노력과 성취의 차이가 점점 벌어지면서, 자신을 과소평가한 사람은 위대한 일을 경험할 기회를 영영 놓치게 된다.

이러한 과정이 반복되면, 자신에게 재능이 없다고 더욱더 확신하게 되고, 그것이 곧 '증거'가 되어 스스로를 옭아매는 악순환에 빠진다. 결국 재능이나 지능을 '고무줄'처럼 유연한 것이 아니라 '바위'처럼 변하지 않는 것으로 단정 지어버린다. 그러나 이러한 고정된 신념이 바뀌지 않는 한, 결코 성장할 수 없다. 생각이 변해야 삶이 변한다. 그렇기에 우리는 자신을 믿고, 더 높은 목표를 향해 도전하며, 재능을 무한히 확장할 수 있다는 믿음을 가져야 한다.

이는 '학습된 무기력(learned helplessness)' 개념과도

밀접하게 연결된다. 마틴 셀리그먼(Martin Seligman)이 1975년 발표한 이 이론은 무기력조차 학습될 수 있다는 사실을 밝혀냈다. 그는 동물실험을 통해, 반복적인 실패 경험이 자기 효능감을 무너뜨리며 결국 포기하게 만든다는 것을 입증했다. 그리고 이러한 현상은 인간에게도 동일하게 적용된다. 실패를 반복적으로 경험한 사람은 결국 "역시 난 안되는구나."라는 생각에 빠지고, 스스로를 무력한 존재로 인식하게 된다.

그러나 이 무력감은 단순한 현실이 아니라 배워진 신념일 뿐이며, 충분히 바꿀 수 있다. 이제는 "난 된다. 난 할 수 있다. 난 천재다."라는 말을 입버릇처럼 되뇌어보자. 그리고 실제로 자신을 믿어보자. 그러면 세상이 달라 보일 것이다. "역시 난 되는구나."라고 스스로에게 말하는 순간, 당신도 변화할 수 있다.

이런 변화를 극적으로 보여주는 사례가 있다. 미국의 대표적인 동기부여 연설가이자 자기계발 전문가인 앨런 코헨(Alan H. Cohen)이다. 그는 『영혼을 위한 닭고기 수프』의 공저자로도 잘 알려져 있으며, 누구나 그의 성공 이야기를 들으면 놀라움을 금치 못할 것이다. 그가 어떻게 자신을 믿는 힘을 통해 무기력을 극복하고, 세계적인 연설가로 성장할 수 있었는지 알게 된다면, 우리의 생각과 태도가 얼마나 중요한지를 다시금 깨닫게 될 것이다.

그가 처음부터 높은 강사료를 받는 몇 손가락 안에 꼽히는 강사였던 것은 아니다. 처음 강의를 할 무렵에는 동료 강사들보다 훨씬 낮은 강사료를 받았다고 한다. 학원 원장에게 강사료를 조금 더 높게 청구하면 번번이 거절을 당했기에 동료보다 못한 대우에도 참아야 했다. 그런데 그는 몇 년도 안 되어 그곳에서 가장 높은 보수를 받는 강사가 되었다. 처음 그가 받은 강사료보다 무려 35배나 많아졌다니 놀라운 일이다.

그 비결에 대해 그는 자신에 대한 생각을 바꾸어, 자신을 대단히 가치 있는 사람이라고 생각하자 청중의 반응이 달라졌고, 그로 말미암아 더욱더 자신을 가치 있는 사람이라고 생각하게 되었다는 것이다. 그러한 신념과 자기규정은 35배나 많은 강사료로 보답했다.

『성공의 7번째 센스 자존감』이란 책의 저자이자 유명한 심리학자인 너새니얼 브랜든(Nathaniel Branden)은 자존감이 높아질수록 잠재력이 120% 발휘되며, 창의성과 리더십도 향상된다고 주장했다. 그는 자존감과 창의성이 자율성과 내부 동기와 깊이 연결되어 있으며, 창의적인 사람일수록 자존감이 높다고 강조했다.

이는 곧 지능, 재능, 창의성이 자신을 어떻게 바라보느냐에 따라 확장될 수도, 위축될 수도 있다는 의미다. 따라서 우리는 스스로를 천재라 규정하고, 과거의 실패와 단절하며 위대한 목표를 향해 나아가야 한다. 단순히 생계를 위한 노력이 아니라, 세계 최고를 목표로 하는 의식 차이가 범재와 천재를 가른다. 능력의 차이는 크지 않지만, 자신을 믿는 사람과 그렇지 않은 사람의 의식 차이는 헤아릴 수 없을 정도로 크다. 결국, 천재와 범재를 나누는 것은 재능이 아니라 자기 확신과 도전하는 태도다.

# 성공을 부르는

# 자기암시의 힘

위대한 과학자 알베르트 아인슈타인은 다음과 같이 말했다.

"인생을 사는 방법은 두 가지다. 하나는 아무 기적도 없는 것처럼 사는 것이요, 다른 하나는 모든 일이 기적인 것처럼 사는 것이다."

우리에게 일어나는 모든 일을 기적처럼 여기고 믿으며 살아가는 인생은, 기적이란 존재하지 않는다고 단정하며 사는 인생보다 훨씬 더 가슴 뛰는 삶일 것이다. 그리고 놀랍게도, 모든 것을 기적이라 믿는 사람에게는 정말 기적 같은 일들이 자주 일어난다.

한 빈민 지역 학교에서 기적 같은 변화가 있었다. 성적이 형편없던 1학년 아이들이 불과 몇 개월 만에 3학년 수준으로 성장한 것이다. 그러나 교사가 한 일은 거창하지 않았다. 그저 아이들을 '학생'이 아니라 '학자'라고 부르기 시작했을 뿐이다. 단순한 호칭의 변화였지만, 아이들은 '학자'라는 말을 듣는 순간 자신이 진짜 학자가 된 것처럼 느끼고, 그 이미지를 마음속에 그렸다. 그리고 그 감정과 상상이 실제 변화로 이어지면서 학습 능력이 비약적으로 향상되었다.

이는 우리의 생각과 마음가짐이 삶을 변화시키는 강력한 힘을 가지고 있음을 보여준다. 영국의 정신 병리학자 J.A. 하드필드(J.A. Hadfield) 역시 『힘의 심리』에서 이와 유사한 사례를 제시했다. 그는 세 명의 남성을 대상으로 악력 테스트를 진행했는데, 평균 악력은 101파운드였다. 그런데 '당신의 악력은 약하다.'라는 최면 암시를 주자, 평균 악력이 29파운드로 급감했다. 반대로 '당신의 악력은 강하다.'라고 암시를 주자, 평균 악력이 142파운드로 증가했다. 이 실험은 우리의 생각과 마음가짐이 단순한 심리적 요소를 넘어, 신체적인 능력까지도 변화시킬 수 있다는 사실을 입증했다.

결국, 삶의 모든 것을 기적이라고 믿는 사람은 기적 같은 삶을 살게 된다. '나는 성공한다.'라는 긍정적인 암시는 성공이라는 기적을 만들어내고, 반대로 '나는 실패자다.'라는 부정적인 암시는 실제로 실패를 현실화시킨다. 우리가 스스로에게 어떤 메시지를 보내느냐에 따라, 인생의 방향이 완전히 달라질 수 있다. 생각이 현실을 만든다. 그러므로 지금 이 순간부터, 우리는 자신의 가능성을 믿고 기적을 기대해야 한다.

'나는 행복한 사람이다.'라고 스스로에게 암시해야 하

는 이유도 바로 여기에 있다. 그렇게 믿고 반복하면, 실제로 행복한 사람이 되는 기적이 일어난다. '나는 부자다.'라고 생각하고 암시하는 사람은 점차 부자가 될 가능성이 커진다. 왜냐하면 우리의 사고방식이 행동을 결정하고, 행동이 현실을 변화시키기 때문이다.

반면, 가난에 갇혀 사는 사람들은 끊임없이 돈 걱정에 사로잡혀 있다. 그러나 지속적인 걱정은 뇌에 실패를 각인시키며, 오히려 부를 끌어들이는 것이 아니라 가난을 더욱 고착시키는 결과를 낳는다. 이는 마치 스스로에게 거는 일종의 부정적인 암시이자 무의식적인 저주와도 같다. 부자가 되고 싶다면 돈 걱정을 멈추고, 부자가 되는 생각을 해야 한다. 그러면 우리의 뇌는 가장 좋은 방법을 찾아내고, 무의식은 자연스럽게 부를 끌어들이는 방향으로 작동할 것이다.

이 원리를 데일 카네기는 다음과 같은 말로 강조했다.

"가장 조심해야 할 것은 가난도 질병도 아닌 당신의 생각이다. 생각이 당신의 삶을 지배하기 때문이다."

크게 생각하면 크게 이룰 수 있는 이유는, 우리의 생각이 곧 우리의 삶을 지배하기 때문이다. 기적이 나에게도 반드시 일어난다고 믿어라. 만약 지금까지 인생에서 단한 번도 기적을 경험하지 못했다면, 그것은 기적이 일어날 것이라고 생각하지 않았기 때문이다. 반대로, 눈이 번쩍 뜨일 만큼 놀라운 기적을 경험한 사람들은 이미 자신의 삶에 그런 기적이 찾아올 것이라고 확신했다.

이러한 원리는 이미 오래전부터 강조되어 왔다. 로마황제이자 『명상록』의 저자인 마르쿠스 아우렐리우스는 "당신의 인생은 당신 생각의 표현이다."라고 말했다. 지금 우리가 살아가는 모습은 단순한 현실이 아니라, 우리의 생각이 만들어낸 결과물이다. 또한, 영국의 극작가 존 릴리(John Lyly) 역시 "우리의 생각이 바뀌면 그 사물의 본질도 바뀐다."고 말했다. 이는 곧, 세상과 자기 자신을 바라보는 방식이 바뀌면, 결국 우리의 삶도 변화한다는 의미다.

이처럼 생각은 가장 강력한 창조 에너지다. 비록 무미건조한 삶을 살고 있더라도, 기적이 반드시 일어날 것이라고 믿고 생각하는 순간부터, 기적은 만들어지고 현실이 된다. 이 세상을 변화시킨 모든 천재들은 자신이 최고라고 믿었고, 두려움 없이 도전하며 한 걸음씩 나아간 용기 있는 자들이었다. 그들의 확고한 신념과 '할 수 있다'

는 믿음이, 세계적인 걸작과 위대한 성취를 탄생시킨 원동력이었다.

자신을 더 크게, 더 넓게 생각하고 규정할수록 세상 또한 달라진다. 모든 사람이 끝이라고 말할 때, 그 순간을 새로운 시작으로 받아들일 줄 알아야 한다. 그것이야말로 더 넓게, 더 높게 사고하는 태도다.

"모든 것이 끝났다고 여겨지는 순간이 있다. 하지만 그때가 곧 시작이다."

루이스 라무르(Louis L'Amour)는 첫 번째 원고가 출판사로부터 350번 이상 거절당했음에도 불구하고 포기하지 않았다. 많은 작가들이 몇 번의 거절만으로도 좌절하고 필력을 의심하는 반면, 그는 자신이 반드시 성공할 것이라는 확신을 갖고 계속해서 도전했다. 결국 1988년 그가 세상을 떠날 때까지 총 105편의 작품을 출간했으며, 현재까지 전 세계적으로 2억 3천만 부 이상이 판매되었다. 그의 책은 단순한 인기 소설을 넘어 대중문화의 일부가 되었고, 많은 작품이 영화로 제작되면서 '세상에서 가장 인기 있는 작가'라는 평가를 받았다.

특히 그는 미국 작가로서는 최초로 의회로부터 특별

훈장을 수여받은 인물이기도 하다. 이는 단순히 그의 책이 많이 팔렸기 때문이 아니라, 그가 개척 정신과 끊임없는 도전으로 미국 문학과 문화에 미친 영향을 공식적으로 인정받았다는 의미였다. 많은 사람들은 이렇게 묻는다. "그가 349번째 거절당했을 때 포기했다면 어떤 일이 일어났을까?" 아마도 그는 무명의 작가로 남았을 것이고, 그의 책도, 영화도, 수천만 독자에게 영감을 주는 그의 글도 존재하지 않았을 것이다. 그러나 그는 포기하지 않았고, 자기 신념을 끝까지 지켰기에 결국 기적을 만들어낸 것이다.

이와 비슷한 신념의 중요성을 강조한 또 다른 작가가 있다. 베스트셀러 작가 존 그레이(John Gray)는 『삶의 기적을 일으키는 화성남자 금성여자』에서 변화를 원하는 사람은 반드시 그것이 가능하다고 믿어야 한다고 말했다. 그는 우리의 생각과 믿음이 곧 현실을 창조하며, 긍정적인 자기 암시와 신념이 삶을 변화시키는 가장 강력한 힘이라고 강조했다.

결국 삶의 기적은 포기하지 않는 사람에게만 찾아온다. 자신을 믿지 않는 사람에게는 아무리 좋은 기회가 주어져도 그것을 잡을 수 없으며, 자신이 할 수 있다고 믿는 사람만이 결국 성공에 다다른다. 마치 밑 빠진 독에 물을 아무리 부어도 채워지지 않는 것처럼, 신념이 없는 사람은 기적이 와도 그것을 받아들이지 못한다.

변화를 원한다면, 변화를 이룰 수 있음과 기적은 언제라도 일어날 수 있음을 믿어야 한다.

그는 기적적인 치료 역시 그것을 믿을 때만 가능하다고 강조했다. 플라시보 효과 또한 그 본질은 어떤 사실을 절대적으로 믿는 것에서 비롯되며, 이러한 믿음이 실제 변화를 만들어낸다고 설명했다. 그는 이러한 원리를 바탕으로, 우리 삶에 기적을 불러오는 아홉 가지 원칙을 제시했으며, 그중 첫 번째가 바로 '기적을 믿어라'였다.

지그 지글러(Zig Ziglar)는 『정상에서 만납시다』에서 성공과 성취를 결정하는 가장 중요한 요소는 재능이나 능력이 아니라, 정신 자세라고 강조했다. 그는 하버드 대학교 연구 결과를 인용하며, 성공하고 승진하는 사람들의 결정적 요인은 그들의 업무 능력이 아니라, 긍정적인 태도와 정신 자세 때문이라고 설명했다. 다시 말해, 소질이나 재능, 전문 기술보다 중요한 것은 '자신의 가능성을 어떻게 바라보느냐'다.

그렇다면 왜 정신 자세가 성공을 결정짓는가? 그 이유는 성공과 실패가 불과 종이 한 장 차이에 불과하기 때문이다. 이 미세한 차이를 만드는 것은 천부적인 재능이나 기술의 수준이 아니라, 끝까지 도전하는 사람과 중도에 포기하는 사람의 차이다. 많은 사람들은 실패의 문턱에서 좌절하지만, 성공하는 사람들은 '아직 끝난 것이 아니다'라고 믿으며 한 걸음 더 내딛는다. 그리고 이 마지막한 걸음이 인생의 결과를 완전히 바꿔놓는다.

여기서 중요한 사실은 끝까지 도전하는 사람이 반드시 타고난 천재가 아니라는 점이다. 오히려 그들은 '할수 있다'고 믿고, 기적이 반드시 일어날 것이라고 확신하는 사람들이다. 기적이 우리 삶에 반드시 일어난다고 믿어야 하는 이유도 여기에 있다. 성공과 실패는 극히 작은 차이에서 결정되며, 그 차이를 만들어내는 것은 '한 걸음 더 내딛을 수 있는 믿음'이다.

많은 사람들이 지능과 재능이 뛰어난 사람이 가장 크게 성공한다고 생각하지만, 실제로 성공하는 사람들은 '꿈을 품고, 그 꿈이 반드시 실현될 것이라고 믿는 사람들'이다. 이는 단순한 자기 암시가 아니라, 우리의 무의식이 생생하게 그린 이미지를 현실로 만들려는 강력한 힘을 가지고 있기 때문이다. 예를 들어, 강렬한 목표를 가진 사람은 무의식적으로 그 목표에 도달하기 위한 행동을 하게 되며, 결국 그 꿈을 현실로 바꾸게 된다.

따라서 자신이 반드시 성공할 것이라는 믿음이 없다면, 아무리 뛰어난 재능과 능력을 가지고 있더라도 도중에 포기할 가능성이 크다. 반대로, 확신을 가진 사람은 어려움 속에서도 기적을 믿으며 도전하고, 끝내 원하는 결과를 이끌어낸다. 이것이 바로 꿈을 가진 사람이 더 크게 성공하는 이유이며, 우리가 반드시 기적을 믿어야 하는 이유다. 결국, 삶의 방향을 결정짓는 것은 타고난 능력이 아니라, 끝까지 해내겠다는 믿음과 태도다.

"1%의 가능성,
그것이 나의 길이다."


- 나폴레옹 보나파르트

# 제2장
# 위대한 작가들의 성공 원칙

# 어니스트 헤밍웨이: 글쓰기는 노동이다

어니스트 헤밍웨이(Ernest Hemingway)는 20세기 가장 위대한 천재 작가 중 한 사람으로, 동시대 미국 문학을 개척한 선구자였다. 그는 1954년 노벨문학상과 1953년 퓰리처상을 수상하며 문학사에 길이 남을 업적을 남겼다. 그의 작품들은 강렬한 문체와 사실적인 묘사로 독자들을 사로잡았으며, 특히 『노인과 바다(The Old Man and the Sea)』, 『누구를 위하여 종은 울리나(For Whom the Bell Tolls)』, 『무기여 잘 있거라(A Farewell to Arms)』와 같은 작품들은 지금까지도 세계적인 명작으로 평가받고 있다.

그러나 우리가 기억하는 것은 그가 남긴 불후의 명작들뿐이지, 그 과정에서 헤밍웨이가 겪은 수많은 실패와 좌절은 쉽게 간과된다. 우리는 흔히 천재 작가가 처음부터 완벽한 작품을 썼을 것이라 생각하지만, 실상은 전혀 그렇지 않다. 헤밍웨이는 탁월한 작품을 탄생시키기 위해 수많은 실패작과 미완성 원고를 남겼고, 수차례의 수정을 거듭하며 자신만의 스타일을 완성해 나갔다.

헤밍웨이는 문장을 다듬는 데 강박적일 정도로 집착했다. 그는 하루 종일 책상에 앉아 단 몇 줄의 문장을 완성하는 데도 엄청난 시간을 들였으며, 초고를 끝낸 뒤에도 끊임없이 문장을 고쳤다. 실제로 그는 『노인과 바다』를 집필할 때 200번 이상 원고를 수정했다고 알려져 있다. 그는 "좋은 글이란 쉽게 나오는 것이 아니다. 글을 쓰는 것은 피를 흘리는 것과 같다."라고 말할 정도로 끊임없는 수정과 수정을 통해 완벽을 추구했다.

그의 이런 노력은 단순한 습관이 아니라, 천재적인 작품을 탄생시키는 필수 과정이었다. 그는 자신의 실패를 두려워하지 않았고, 수없이 글을 쓰고 지우고 다시 쓰는 과정을 통해 최고의 문장을 만들어냈다. 헤밍웨이의 예술은 결코 타고난 재능만으로 이루어진 것이 아니라, 집요한 노력과 반복적인 연습, 그리고 끝없는 도전 속에서 탄생한 결과물이었다.

우리가 기억해야 할 것은 천재란 처음부터 완벽한 결과를 내는 사람이 아니라, 실패를 두려워하지 않고 계속해서 시도하는 사람이라는 사실이다. 헤밍웨이 역시 처음부터 문학의 거장이었던 것이 아니라, 수많은 실패를 발판 삼아 결국 문학사의 한 획을 그은 인물이 되었다. 그의 삶은 위대한 성취는 재능이 아니라, 실패를 견디고 계속해서 도전하는 태도에서 비롯된다는 사실을 우리에게 깨닫게 해준다.

우리가 기억하는 것은 그가 남긴 명작과 그가 거둔 문

학적 성취뿐이지, 그 과정에서 그가 겪었던 수많은 실패와 좌절은 쉽게 간과된다. 그러나 더 놀라운 사실은 그 역시 처녀작을 출간하기 전까지 이미 최소 100편 이상의 글을 썼다는 점이다.

1923년, 헤밍웨이는 첫 번째 출판물인 『세 편의 단편소설과 열 편의 시』를 세상에 내놓았다. 그러나 이 작품은 거의 팔리지 않았고, 평단과 대중의 주목을 받지도 못했다. 이는 그가 처음부터 타고난 천재가 아니었음을 증명하는 사례였다. 그는 그 이전에도 엄청난 양의 글을 잡지사와 신문사에 발표했지만, 그의 이름을 기억하는 사람은 거의 없었다. 그의 작품은 주목받지 못했고, 성공은 먼 미래의 일이었다. 그러나 그는 좌절하지 않았다.

그는 처녀작 출간 이후 더욱더 엄청난 양의 창작 활동을 이어갔다. 매일같이 글을 쓰고, 끊임없이 문장을 다듬으며, 끝없는 시도와 연습을 통해 자신의 문체를 완성해 나갔다. 그리고 결국, 그에게 노벨 문학상(1954년)과 퓰리처상(1953년)을 안겨준 대표작인 『노인과 바다』는 그로부터 거의 20년이 지난 후에야 탄생했다. 이는 우리가 흔히 간과하는 중요한 진실을 보여준다. 세계적인 수준의 작품은 단번에 만들어지는 것이 아니라, 오랜 창작의 과정과 엄청난 노력이 쌓여야만 비로소 탄생한다는 사실이다.

　헤밍웨이가 평생 그렇게 엄청난 양의 작품을 쓰지 않았다면, 『노인과 바다』는 결코 탄생할 수 없었을 것이다. 그가 쓴 수많은 글 중 대부분은 실패작이었고, 발표조차 하지 못할 정도로 미완성이었으며, 무명 시절의 기록에 불과했다. 그러나 그는 그 모든 실패를 발판 삼아 결국 문학사에 길이 남을 작품을 남겼다. 결국, 천재란 타고나는 것이 아니라, 엄청난 창작 활동을 통해, 끝없는 훈련과 노력과 연습을 통해 만들어지는 것임을 헤밍웨이의 삶이 증명하고 있다.

　우리는 이제 간결한 문체로 인간의 비극적 모습을 묘사한 20세기의 천재 작가가, 몇 편의 걸작을 남기기 위해 얼마나 많은 글을 써왔는지 알게 되었다. 그는 결코 완벽한 작가로 태어난 것이 아니었다. 오히려, 그는 발표조차 할 수 없을 만큼 형편없는 글을 수없이 썼던 무명 작가였다. 그러나 그는 그 많은 실패작 속에서 점차 완성도를 높이며, 궁극적으로 천재적인 능력을 얻게 되었다.

　그가 남긴 수많은 글들 중, 단 1%에 해당하는 단 세 편의 작품이 그를 문학사의 천재로 만들었다. 그리고 그

1%를 이루기 위해, 그는 평생 동안 무수한 실패와 도전을 반복해야 했다. 이는 곧, 천재성과 성공은 단순한 재능이 아니라, 실패를 두려워하지 않는 태도와 끊임없는 노력을 통해 만들어지는 것임을 강력하게 시사한다.

# 표도르 도스토옙스키:

# 고통과 역경이 만든 걸작들

표도르 도스토옙스키(Fyodor Dostoevsky)는 톨스토이와 함께 19세기 러시아 문학을 대표하는 세계적인 문호로 손꼽힌다. 하지만 그는 초창기 20년 넘게 창작 활동에 몰두했음에도 불구하고, 주목할 만한 작품을 내놓지 못했고, 40대 중반까지도 혹평을 받는 일이 잦았다. 당시 평론가들은 그를 두고 "너저분하게 쌓인 잡동사니 같은 글만 쓴다."고 혹독한 평가를 내리기도 했다.

그는 1846년 처녀작 『가난한 사람들』을 발표하며 어느 정도 문학적 인정을 받았다. 하지만 곧이어 발표한 『분신』과 『주부』는 큰 반향을 일으키지 못했다. 이후에도 『백야』와 『네또츠까 네즈바노바』 등 여러 작품을 내놓았지만, 여전히 거장의 반열에 오르기에는 부족하다는 평가를 받았다.

그러던 1849년 봄, 그의 삶을 송두리째 뒤흔든 사건이 발생했다. 바로 '페트라솁스키 사건'이었다. 당시 러시아는 차르 체제 아래 강한 검열과 탄압이 이루어지고 있었으며, 전제정치와 농노제를 비판하는 움직임이 점점 확산되고 있었다. 귀족이자 지식인이었던 미하일 페트라솁스키(Mikhail Petrashevsky)를 중심으로 사상가와 작가들이 모여 러시아의 사회문제를 논의하는 모임을 조직했는

데, 도스토옙스키도 이에 가담하고 있었다.

이 모임은 공상적 사회주의 사상을 연구하며 관련 저작물을 토론하는 데 초점을 맞추었으며, 급진적인 정치 행동을 계획하지는 않았다. 그러나 1848년 프랑스 혁명이 발생하면서, 러시아까지 혁명의 기운이 번질 것을 두려워한 차르 니콜라이 1세는 이를 심각한 위협으로 간주했다. 결국 그는 페트라솁스키 모임의 가담자들을 본보기로 처형할 것을 명령했고, 도스토옙스키 또한 그 대상으로 지목되었다.

이 사건은 단순한 정치적 탄압을 넘어, 도스토옙스키의 인생과 문학 세계를 근본적으로 변화시키는 전환점이 되었다. 이후 그의 작품은 더욱 깊이 있는 철학적 성찰과 인간 본성에 대한 탐구로 발전하게 되며, 그는 마침내 『죄와 벌』, 『카라마조프가의 형제들』, 『백치』 등 불멸의 걸작들을 남기는 위대한 문호로 거듭나게 된다.

도스토옙스키는 4월 23일 새벽 네 시, 깊은 잠에 빠져 있던 중 체포되었다. 그는 기껏해야 유배형 정도를 받을 것이라 예상했지만, 사형을 선고받고 절망에 빠졌다. 아직 제대로 날개도 펴보지 못한 이십 대 후반의 나이에 그의 삶은 끝나려 하고 있었다.

처형이 집행될 세묘노프스키 광장, 그는 영하 22도의 혹한 속에서 외투조차 없이 셔츠 차림으로 말뚝에 묶였다. 함께 사형을 선고받은 다른 사형수들과 나란히 첫 번째 조에 배정되었고, 머리에는 자루가 씌워졌다. 집행관이 총살형 선고문을 낭독했고, 이제 "발사!"라는 명령이 내려지기만 하면 총알이 날아들 순간이었다.

그는 "만약 신의 가호로 살아남을 수만 있다면, 단 1초도 낭비하지 않겠다."고 다짐하며 마지막 순간을 맞이했다. 그러나 바로 그 순간, 광장을 가로질러 한 관리가 흰 깃발을 흔들며 말을 타고 질주해왔다. 그는 황제의 명령이라며 형 집행을 중지시켰다. 도스토옙스키는 극적으로 사형을 면하고 시베리아 유형으로 감형되었다.

사형에서 가까스로 벗어난 도스토옙스키는 즉시 시베리아로 이송되어 4년 동안 강제노동에 처해졌다. 5킬로그램의 쇠고랑을 찬 채 하루하루를 버텨야 했으며, 글을 쓰는 것은 철저히 금지되었다. 그러나 그는 포기하지 않았다. 머릿속으로 끊임없이 소설을 구상하며 매일 같은 이야기를 떠올리고 또 떠올렸다. 그는 하루 종일 상상 속에서 글을 쓰고 수정하며 마침내 완벽하게 외울 정도로 문장을 다듬었다.

유배 생활이 끝난 후, 그는 미친 듯한 속도로 집필에 몰두했다. 사람들은 그가 감옥에서 보낸 시간을 안타까워했지만, 도스토옙스키는 오히려 그 시간 덕분에 더욱 절실한 마음으로 창작에 매진할 수 있었다고 말한다. 그가 사형장에서 다짐했던 것처럼, 그는 단 1초도 허투루 쓰지 않았다.

도스토옙스키는 어릴 때부터 문학을 사랑했다. 특히 월터 스콧(Walter Scott)의 환상적이고 낭만적인 전기와 역사소설을 즐겨 읽었다. 이를 통해 그는 어린 시절부터 문학적 감수성을 키웠고, 깊이 있는 사고력을 배양했다.

중국의 시인 두보(杜甫)는 "만 권의 책을 읽으면 글을 짓는 것이 신의 경지에 이른다."라고 말했다. 도스토옙스키 역시 광범위한 독서와 파란만장한 삶의 경험이 결합되면서 거장의 반열에 오를 수 있었다. 유배 생활 동안 글을 쓸 수 없었던 절박함은 창작 욕구를 더욱 불타오르게 했고, 이후 그의 작품 세계는 더욱 깊이를 더해갔다.

도스토옙스키의 삶은 우리에게 천재란 단순한 재능이 아니라, 극한의 역경 속에서도 끝까지 살아남아 자신을 증명해낸 사람에게만 주어지는 칭호임을 보여준다.

천재라고 해서 모든 작품이 걸작인 것은 아니다. 그리

고 위대한 작품들은 대개 작가의 말년에 많이 탄생한다. 이는 곧, 걸작을 만들어내는 것은 타고난 재능이 아니라, 불굴의 노력과 끊임없는 연마의 결과임을 의미한다.

중국 최고의 역사서인 『사기(史記)』를 집필한 사마천(司馬遷) 역시, 극한의 고난 속에서 자신의 에너지를 하나의 목표에 집중했기에 불후의 명작을 남길 수 있었다. 그는 궁형(宮刑)을 당하는 치욕을 겪었지만, 그 시련을 문학적 원동력으로 삼아 인류 역사상 가장 위대한 통사(通史)를 완성했다.

도스토옙스키의 대표작들은 모두 그의 극적인 삶과 불굴의 의지가 빚어낸 걸작들이다. 만약 그가 온전한 평온 속에서 안락한 삶을 살았다면, 이러한 작품들은 탄생하지 못했을지도 모른다. 궁극적으로, 인류사에 길이 남을 걸작들은 극한의 고통과 집념 속에서 태어난다.

# 스티븐 킹:

## 끝없는 글쓰기, 끝없는 성장

국내에도 수많은 열혈 팬을 두고 있는 스티븐 킹 (Stephen Edwin King)은 2010년 미국인이 가장 사랑하는 작가다. 그의 책은 나오는 즉시 베스트셀러가 되고, 출간을 기다리는 독자도 부지기수다. 그는 어떻게 해서 그렇게 많은 베스트셀러를 탄생시킬 수 있었을까? 그의 비결 역시 남다르지 않다. 바로 엄청난 양의 창작 활동이다.

스티븐 킹은 15년 동안이나 무명작가였다. 그때는 먹고살기조차 힘이 들어 공장에서 일하거나 경비원 자리를 구해 생계를 유지해야만 했다. 하지만 그는 15년이라는 무명 시절 동안 우리가 상상도 할 수 없을 정도로 엄청난 양의 작품들을 썼다.

그리고 그는 지금도 매년 어마어마한 분량의 장편소설과 중단편 소설을 쏟아내고 있다. 2009년도에는 7,000매 분량의 『언더 더 돔』을 출간했고, 2년 만에 그는 또다시 『11/22/63』이라는 원고량 5,000매에 이르는 신작을 내놓았다.

그는 지난 30년간 텔레비전 시리즈를 포함해서 소설 500여 편을 발표했다. 그리고 그가 무명 시절인 15년 동안 쓴 작품 역시 수백 편을 능가한다. 지금까지 그는 1,000편 이상의 작품을 썼고, 그 결과 그는 자신의 쓴 작품의 1%에 해당하는 작품들이 세계적인 수준의 걸작으로 평가를 받고 있다.

우리가 알고 있는 천재 작가 스티븐 킹도 무명일 때는, 엄청난 양의 작품을 써서 잡지사와 출판사에 보냈고, 그렇게도 엄청난 양의 작품이 모두 거절당했다. 그뿐 아니라 그가 15년 동안의 무명작가 시절에 가장 많이 들은 소리는 비참했다.

"당신의 작품을 거절합니다."

"우리 출판사에 맞지 않으니 다시 투고해주십시오."

"다시 투고해주시면 고맙겠습니다."


우리가 생각하는 천재 작가 스티븐 킹이 과연 이렇게도 무능한 작가였다는 사실을 어떻게 인정할 수 있을까? 하지만 사실이다. 그가 자신의 삶에 대해 술회할 때 빠지지 않고 하는 말이 있다.

"출판사의 거절편지는 내 삶의 곳곳에 배어 있다."


그가 얼마나 많은 거절을 당했는지, 처음부터 그가 천재 작가는 고사하고 약간의 재능이나 희망이라도 보이는 그런 유능한 작가조차도 아니었다는 사실을 잘 말해주고 있다. 그의 경험을 기억하라. 그래야 우리가 살면서 겪게 되는 여러 가지 좌절과 실망과 거절은 아무것도 아니라는 점을 깨달을 수 있기 때문이다.

또 한 가지 흥미로운 점은, 그가 어떻게 그렇게 많은 베스트셀러 작품을 쏟아낼 수 있었을까 하는 의문이다. 이는 그가 엄청난 창작 활동을 마다하지 않고, 매일 꾸준히 글을 쓰며 방대한 양의 작품을 만들어냈기 때문이라고밖에 설명할 수 없다. 이러한 사실을 우리는 스티븐 킹이 쓴 『유혹하는 글쓰기』라는 책을 통해서 살펴볼 수 있다.

**예전에는 지금보다 빨리 썼다. 이 정도면 아마 존 크리시도 감탄했을 것이다. (그러나 어떤 글에서 보니 크리시의 추리 소설 중에는 겨우 '이틀' 만에 완성된 것도 여럿이라고 한다.) 내 생각엔 담배를 끊어서 속도가 느려진 것 같다. 니코틴은 신경을 예민하게 해준다. 물론 창작을 도와주는 대신에 목숨을 빼앗는다는 게 문제다. 어쨌든 나는 어떤 소설이든 – 설령 분량이 많더라도 – 한 계절에 해당하는 3개월 이내에 초고를 끝내야 한다고 믿는다. 그보다 오래 걸리면 – 적어도 내 경우에는 – 마치 루마니아에서 날아온 공문서처럼, 또는 태양의 흑점 활동이 심**

할 때 단파 수신기에서 나오는 소리처럼 이야기가 왠지 낯설어진다.

나는 하루에 열 페이지씩 쓰는 것을 좋아한다. 낱말로는 2,000 단어쯤 된다. 이렇게 3개월 동안 쓰면 18만 단어가 되는데, 그 정도면 책 한 권 분량으로는 넉넉한 셈이다. 이야기를 재미있게 쓰고 신선함을 유지하기만 한다면 독자들도 즐거운 마음으로 몰두할 수 있을 것이다. 어떤 날은 그 열 페이지가 쉽게 나온다.

그는 한창때 일주일 만에 책 한 권을 쓸 정도로 엄청난 작업량을 소화했던 작가였다. 그의 인터뷰를 보면, 그는 크리스마스, 독립기념일, 그리고 자신의 생일을 제외하고는 매일같이 글을 썼다고 말할 정도로 끊임없는 연습과 훈련을 이어갔다.

우리는 이러한 엄청난 양의 창작 활동이야말로 그를 천재 작가로 성장시키고 거듭나게 한 원동력이었음을 간과해서는 안 된다. 정희모 교수 역시 『글쓰기 전략』에서 이렇게 강조한 바 있다.

스티븐 킹은 예술적 영감의 신 뮤즈가 여러분의 책상에

너울너울 날아들어 타자기나 컴퓨터에 마법의 가루를 뿌려주는 일은 결코 없다고 단언했다. 글쓰기에서 천재적 영감으로 하는 일은 거의 없는 것 같다. 그렇다! 글쓰기는 순전히 노동으로 이루어진다.

그의 말처럼 글쓰기는 순전히 노동이며, 엄청난 작업량이 쌓일 때 비로소 세계적인 걸작이 탄생할 수 있다. 실제로 많은 천재 작가들이 그러했듯이, 스티븐 킹 역시 어린 시절부터 문학에 깊이 빠져들었고, 글쓰기를 연습할 기회를 얻었다.

그에게 글쓰기는 단순한 취미가 아니라, 불우한 어린 시절을 견디게 해준 한 줄기 빛과도 같은 존재였다. 두 살 때, 그의 아버지는 가정을 버리고 떠났고, 스티븐 킹은 홀어머니 밑에서 자랐다. 어머니는 생계를 위해 힘든 일을 해야 했고, 아들에게 많은 신경을 써줄 수 없었다. 하지만 그에게는 형 데이비드 킹(David King)이 있었다.

데이비드는 '데이브의 잡동사니(Dave's Rag)'라는 동네 신문을 발행했는데, 스티븐 킹은 여기에 창작 작품을 기고할 기회를 얻었다. 그의 글은 예상보다 좋은 반응을 얻었고, 이에 힘입어 그는 소설 단행본을 직접 창작하여 팔기 시작했다.

이러한 경험은 단순한 어린 시절의 장난이 아니라, 훗날 그가 세계적인 작가로 성장하는 데 있어 중요한 밑거름이 되었다. 스티븐 킹이 어릴 때부터 끊임없이 습작하고 글쓰기 훈련을 거듭한 결과, 그는 역사상 가장 성공한 공포 소설 작가 중 한 명이 될 수 있었다.

또 한 가지의 큰 행운은 그가 열두 살이었던 1957년 메인 주 다람에 살고 있는 이모 집으로 거처를 옮기고 나서 발생했다. 그곳에서 그는 창고에서 수천 권에 달하는 펄프 픽션(Pulp Fiction, 20세기 초중반에 저렴한 펄프지에 인쇄된 대중적인 장르 소설로, 자극적인 플롯과 과장된 캐릭터가 특징이다.)과 값싼 문고판 소설책인 페이퍼백(Paperback)을 발견하였던 것이다. 그 내용은 모두 SF, 호러, 판타지, 범죄소설 등이었는데 이러한 책에 빠져들면서 스티븐 킹은 창의성이 이쪽으로 발달했을 것이라고 볼 수 있다.

그는 수천 권이 넘는 소설들을 탐독하면서 날밤을 새우는 일이 다반사였을 정도다. 엄청난 독서량과 다양한 습작활동으로 그는 뛰어난 소설가로 조금씩 성장해 나가고 있었음을 우리는 알 수 있다. 그 덕분에 그가 발표하는 공포 소설마다 연이어 밀리언셀러를 기록할 만큼 '공포 이야기'에 뛰어난 것이라고 봐도 별 무리는 없을 것이다.

스티븐 킹의 작품은 전 세계 35개국에 33개 언어로 3억 권 이상이 판매되었다. 그는 2010년 미국인이 가장 사랑한 작가 1위에 선정되었다. 그는 지금도 매년 엄청난 분량의 책을 쏟아내고 있다. 23개의 방이 딸린 저택에서 사는 그는 불굴의 노력과 엄청난 양의 연습과 훈련이 지금의 자신을 만들어주었다는 사실을 확실히 알고 있는 듯, 지금도 엄청난 양의 집필활동을 하고 있다.

우리의 편견 속에 존재하는 천재는 결코 15년 동안 무명작가로 살아가는 사람이 아닐 것이다. 하지만 진짜 천재는 10년이 넘게 자신의 재능이 천재적인 도약을 하지 않더라도 포기하지 않고 엄청난 노력을 끝까지 기울일 줄 아는 사람이다.

# 파울로 코엘료:

# 두려움 없는 도전이

# 스토리를 만든다

『연금술사』의 작가이자 세계적인 베스트셀러 작가인 파울로 코엘료(Paulo Coelho). 그의 작품은 전 세계 168개 국 73개 언어로 번역되어 1억 3,500만 부가 넘는 판매를 기록하고 있다. 그는 『브리다』에서 실패는 성공으로 가는 하나의 과정이며, 신께서 길을 드러내 보이는 데 사용하는 도구라는 사실을 마법사의 말을 통해 표현하고 있다.

　　일단 길을 발견하게 되면 두려워해선 안 되네. 실수를 감당한 용기도 필요해. 실망과 패배감, 좌절은 신께서 길을 드러내 보이는 데 사용하는 도구일세.

　도전함으로써 실망과 패배와 좌절을 하는 것은 신께서 길을 드러내 보이는 데 사용하는 도구에 불과하다는 사실이다. 우리는 늘 자신의 길을 가면서, 무엇인가를 도전하면서도 끊임없이 두려워하고 의심하고 불신한다. 그 결과 우리의 삶은 끝없이 잘못된 길을 파괴하는 데 세월을 보내게 된다. 다시 말해 우리 자신을 가장 파괴하고 잘못되게 하는 것은 두려움이라는 사실이다. 두려움을 극복해낼 수 있다면 우리는 지금보다 좀 더 자유롭고, 좀 더 강하며, 좀 더 나은 삶을 살 수 있을 것이다.

실패와 시련, 그리고 실망과 좌절을 통해 우리는 더욱 더 강해지고, 현명해지고, 성숙하게 된다. 그 결과 실패하지 않았다면 보이지 않았을 인생의 길이 보이게 된다. 그러므로 실패를 두려워할 이유는 아무것도 없다. 자신을 성장시켜 주고, 자신을 더 나은 길로 이끌어주는 실패를 오히려 즐길 수 있어야 한다.

바로 이런 점에서 성공하는 사람일수록 실패를 두려워하지 않는다는 사실에 대해 충분히 이해가 된다. 성공은 우연히 찾아오지 않는다. 실패를 두려워하지 않고 얼마나 많은 도전과 모험을 했는지, 그리고 얼마나 실패와 시련을 통해 많은 것을 배우고, 자신을 성장시킬 수 있었는지에 따라 결정될 뿐이다.

이러한 사실을 잘 말해주고 있듯이 파울로 코엘료는 자신이 좋아하는 글쓰기를 계속하기 위해 심한 저항과 삶의 실패를 아주 처절하게 경험했던 작가다. 그는 어린 시절부터 글쓰기를 좋아했다. 하지만 그의 아버지와 어머니는 그것을 아주 싫어했을 뿐만 아니라, 아들의 그런 모습을 보고 심하게 낙담을 할 정도였다. 그의 아버지는 그가 기술자가 되기를 원했다. 결국 부모님의 거센 저항을 받으며, 부모님과의 힘겨운 마찰은 계속되었다. 그가 실패자의 삶의 모습을 보여 주는 것은 그러한 갈등과 스트레스 탓에 결국 심한 우울증과 분노로 가득 차 있었던 청소년기였다. 결국 그는 정신과 치료를 받기 위해 정신 병원에 세 번이나 입원해야 했다.

이렇게 그의 초기의 삶은 저항과 실패투성이였다. 하지만 이러한 저항과 정신 병원에서의 실패 경험이 고스란히 그의 작품 속에서 재료로 둔갑하게 되고, 소재가 된다. 그리고 그러한 경험을 통해서 그는 세계적인 베스트셀러 작가 중 최고의 작가로 평가받을 수 있게 되었던 것이다. 하지만 그가 아무 노력도 없이, 처음부터 베스트셀러 작가가 된 것은 아니다. 그 역시 많은 시도와 노력을 했음을 우리는 알아야 한다. 그는 청소년 시절부터 글쓰기를 좋아했던 인물이다. 다시 말해 평생 글쓰기를 해 왔다고 봐야 한다. 하지만 그의 첫 번째 책이 출간되었지만 반응은 시원치 않았다. 바로 모든 작가가 다 그렇듯이, 처음부터 베스트셀러가 되는 작품을 쓰는 사람은 거의 없다.

그는 1982년 첫 번째 책을 출간하고, 1985년에 두 번째 책인 『흡혈귀의 실용 매뉴얼』도 출간하지만 모두 실패한다. 자신의 작품이 형편없음을 스스로 인정하기도 한다.

"신화는 재미있지만 책 자체는 형편없다."


그의 말대로 그의 초기 작품들은 형편없었다. 그때까지 그는 천재적인 도약을 하지 못했다고 할 수 있는 증거다. 엄청난 도약을 하기 위해 반드시 필요한 것은 엄청난 양의 훈련이기 때문이다. 아직 그는 천재로 가는 도약을 하지 못한 상태였다. 그리고 1987년에 『순례자』란 책도 출간한다. 하지만 이 책 역시 성공하지 못한다.

결국 1988년에 출간한 『연금술사』가 성공을 하게 된다. 저항과 두려움을 이겨내고 도전에 도전을 한 결과 그는 드디어 베스트셀러 작가의 반열에 올랐던 것이다. 그는 이러한 결과가 모두 끝없이 인내하며 도전을 해왔기 때문이라는 사실을 잘 알고 있다. 비로소 그는 도약을 경험하게 되었던 것이다. 그의 말처럼 오랜 인고의 세월을 견뎌낸 후 비로소 그는 도약할 수 있었고, 베스트셀러 작가가 되었던 것이다.

그를 베스트셀러 작가로 만들어준 『연금술사』에서 그가 했던 위대한 말들을 살펴보자.

"인생을 살맛 나게 해주는 건 꿈이 실현되리라고 믿는 것이지."

"우리 모두 자신의 보물을 찾아 전보다 더 나은 삶을 살아가는 것, 그게 연금술인 거지."

그가 이때부터 도약했다는 사실을 입증이라도 하듯 그 이후에 나오는 소설들은 모두 베스트셀러가 되었다. 그는 『브리다』, 『베로니카, 죽기로 결심하다』, 『11분』 등의 베스트셀러 작품들을 쏟아내기 시작했다.

"베스트셀러 작가는 하루아침에 된 것이 아니라 오랜 인고의 세월을 견뎌낸 후 되었다."

어떤 분야에서건 대가가 되기 위해서는 오랜 인고의 세월을 견뎌내야 한다. 그가 만약에 부모님의 반대와 저항에 이기지 못해서 기술자가 되었다면, 우리는 이 시대에 가장 위대한 작가를 한 명 잃었을 것이다. 저항과 두려움은 우리가 무엇을 하고자 해도 반드시 이겨내야만 하는 첫 번째 과제다.

"무언가를 찾아 나서는 도전은 언제나 '초심자의 행운'으

로 시작되고, 반드시 '가혹한 시험'으로 끝을 맺는 것이
네."

『연금술사』에서 말하듯, 우리는 가혹한 시련을 마주할
때 그것을 당당히 이겨내야 한다.

"'위대한 업'은 하루아침에 이루어지는 게 아니었다.
그것은 하루하루 자아의 신화를 살아내는 세상 모든 사
람 앞에 조용히 열려 있다."

그가 한 말처럼, 우리는 하루하루 자신의 신화를 살아
내기 위해 끊임없는 노력과 훈련, 그리고 연습을 거듭해
야 한다. 위대한 업적은 결코 타고난 재능이나 지능만으
로 하루아침에 이루어지는 것이 아니다.

미켈란젤로가 『다비드상』을 조각하기 위해 바친 시간
은 3년이었으며, 시스티나 성당의 『천지창조』를 완성하
기까지는 4년 6개월의 각고의 노력과 고통이 필요했다.
단순한 천재성이 아니라 집요한 인내와 끊임없는 연습이
야말로 걸작을 탄생시키는 원동력임을 보여주는 사례다.

어릴 적부터 글쓰기를 좋아했던 파울로 코엘료 역시 오
랜 세월 동안 주변의 반대와 심한 우울증, 그리고 분노와

싸우며 자신의 신화를 이루기 위해 끊임없이 노력했다. 우리가 보는 그의 성공 뒤에는 헤아릴 수 없는 인내와 시련이 있었다.

무엇을 하든 단기간의 성과나 기적적인 성공을 기대해서는 안 된다. 위대한 업적은 수많은 날들이 차곡차곡 쌓여 만들어지는 것임을 세계적인 베스트셀러 작가 파울로 코엘료의 삶을 통해 우리는 배울 수 있었다.

"성공한 보통 사람은 천재가
아니다. 평범한 자질을
가지고 있었을 뿐이지만 그
평범함을 비범하게 발전시킨
사람이다."


- 프랭클린 루스벨트

# 3장
# 천재 학자들의 사고법

# 지그문트 프로이트:

# 20년의 실패 끝에

# 탄생한 위대한 업적

오스트리아의 정신과 의사이자 심리학의 거장, 그리고 정신분석학의 창시자인 지그문트 프로이트(Sigmund Freud), 그가 평생 발표한 논문은 650편 정도이지만, 모두 위대한 학문적 업적으로 평가받는 것은 아니었다.

그가 남긴 수많은 논문 중 선구적인 업적으로 인정받는 것은 불과 1%, 즉 약 6편 정도였다. 그만큼 위대한 성취는 끝없는 시도 속에서 극소수만이 살아남는 법이다.

오늘날 프로이트는 정신분석학의 아버지로 불리지만, 정작 그의 초기 연구는 인간의 정신과는 아무 관련이 없었다. 그는 빈 대학교에서 생리학을 전공했으며, 1881년 의학 학위를 받을 당시 연구했던 주제는 어류와 갑각류의 신경계 구조였다. 정신분석학과 전혀 관계가 없는 이 연구는 그가 당시 철저한 무명의 생리학자로 활동했음을 보여준다.

더욱 충격적이고 중요한 점은, 그가 새로운 논문을 발표할 때마다 정평이 난 의학계로부터 혹독한 비판과 혹평을 받았다는 사실이다.

"별 쓸모없는 쓰레기 같은 논문입니다."

"저질 의사의 정신병적인 망상입니다."

지그문트 프로이트는 정신분석학의 창시자로서, 그의 혁신적인 이론들은 초기 학계에서 큰 저항과 비판에 직면했다. 그는 수많은 논문을 발표했지만, 자신의 연구를 인정받기까지 무려 20년 동안 조롱과 혹독한 비판을 견뎌야 했다. 당시 의학계는 인간의 정신을 무의식이라는 개념으로 설명하려는 시도를 미신이나 비과학적 주장으로 치부했다. 그러나 그는 포기하지 않았다. 오히려 더 많은 연구를 수행하고, 끊임없이 논문을 발표하며 자신의 이론을 발전시켜 나갔다.

1900년에 출간한 『꿈의 해석』 역시 처음에는 학계의 주목을 받지 못했다. 심지어 출판된 책이 팔리지 않자 그는 자신의 돈을 들여 출판을 계속해야 했다.

프로이트는 연구에 몰두하기 위해 밤늦게까지 논문을 집필했다. 그는 낮에는 환자를 돌보고, 밤이 되면 연구에 매달렸다. 잠을 줄여가며 논문을 쓰고, 다시 고치고, 새로운 실험을 반복하는 생활이 수십 년간 지속되었다.

프로이트는 글을 쓸 때 매우 철저했다. 그는 논문을 발표하기 전 수십 차례 퇴고를 거쳤으며, 자신의 이론이 체계적으로 정립될 때까지 끊임없이 수정했다. 그의 집필 습관은 엄청난 노력과 집념을 필요로 하는 것이었다.

프로이트는 생전에 학계로부터 격렬한 반대에 부딪혔지만, 그럼에도 불구하고 스스로 옳다고 믿는 연구를 끝까지 밀고 나갔다. 그는 "새로운 학문은 항상 저항에 부딪히기 마련이다."라고 말하며, 끝없는 연구를 통해 자신의 이론을 발전시켜 나갔다.

프로이트가 남긴 수많은 논문 중에서 오늘날까지 기억되는 것은 『꿈의 해석』, 『정신분석 입문』, 『쾌락 원칙을 넘어서』, 『토템과 터부』 등 극소수에 불과하다. 하지만 이러한 연구들은 심리학의 패러다임을 완전히 뒤바꾸었으며, 인간의 정신을 이해하는 방식에 혁명을 가져왔다.

프로이트의 삶을 돌아보면, 그의 성공은 단순한 재능이 아니라 수십 년간의 연구, 실패, 그리고 끝없는 집필과 연습의 결과였음을 알 수 있다. 만약 그가 20년 동안의 혹독한 비판 속에서 포기했다면, 정신분석학이라는 학문은 탄생하지 못했을 것이다.

우리는 흔히 프로이트가 어릴 때부터 재능이 뛰어났을 것이라고 생각한다. 그리고 실제로 많은 사람들이 그렇게 믿고 있다. 이는 틀린 말이 아니다. 그는 어린 시절부터 영특한 소년이었다. 그러나 프로이트가 단순한 영재를 넘어 위대한 학자로 성장할 수 있었던 결정적인 계기가 있었다는 사실은 잘 알려지지 않았다. 그가 천재성을 꽃피울 수 있도록 불을 지핀 것은 다름 아닌 어린 시절 그를 돌봐준 유모의 한 마디였다.

"넌 더 잘할 수 있단다. 넌 특별한 아이니까."

어릴 적부터 프로이트에게 "넌 특별한 아이야."라는 말을 자주 해주던 유모가 있었다. 그 말은 마치 주문처럼 그의 마음 깊숙이 자리 잡았고, 위대함을 향해 묵묵히 나아갈 힘을 심어주었다. 결국 그는 타고난 재능과 유리한 환경, 그리고 끊임없는 노력을 통해 학문의 한 분야를 개척하는 인물이 되었다.

한때 그는 연구자가 되기보다는 안정적인 삶을 위해 빈 종합병원에서 근무하는 길을 선택하기도 했다. 하지만 운명은 그를 단순한 생리학자로 남겨두지 않았다. 그의 내면 깊숙이 자리한 탐구심과 끝없는 질문들이 그를 정신분석학의 창시자로 이끌었고, 마침내 그는 누구도 걷지 않은 길을 개척하는 학자가 되었다.

한마디로 프로이트는 1881년 빈 대학 의학부를 졸업하였지만, 대학교 때 동안은 그가 정신과 의사로서의 기초 수련이나 연습이나 훈련은 전무했다고 보아야 한다는 것이다. 그가 정신과 의사로 공부를 하고, 활동을 시작한 것은 아마도 빈 대학 부속병원에서 임상실습에 종사하면서부터 신경질환에 관심을 가지고 눈을 뜨기 시작했다. 차츰 그는 국소진단의 신경질환 학자로 알려지기 시작했고, 이것을 계기로 그는 1885년에는 신경병리학의 강사 자격을 취득하게 되었다. 그리고 그 덕분에 그는 프랑스 파리에 유학을 갈 수 있었고, 당시에 저명한 신경질환 학자이자 의사인 장 마르탱 샤르코의 강의를 들으면서 히스테리 문제에 관심을 가지게 되었다. 그가 귀국하여 30세가 되던 해에 신경질환 전문의로 병원을 개업하면서부터 그의 연구와 공부는 가속이 붙게 되었다.

그가 나름대로 이 분야의 공부와 연구에 종사하며, 많은 사례를 연구하고 분석하고, 접할 수 있도록 해준 신경질환 전문의로서 병원 개업은 그에게 큰 행운이었다. 그가 병원을 개업한 후 5년 후부터 눈에 띄는 성과들이 쏟아지기 시작했다.

『실어증의 이해를 위해서』(1891)는 당시 지배적이었던 언어중추를 만능시하는 견해를 정면으로 비판한 매우 선구적 업적으로 평가받고 있다. 바로 이 논문이 그가 병원을 개업한 후 정확히 5년 후에 탄생한 것이다.

또한 뇌성소아마비에 관한 세 편의 논문(1891, 1893, 1897)은 오늘날의 신경학 수준에서 보아도 완벽한 증상이론을 제시하고 있다고 평가받고 있고, 억압의 개념을 중심으로 구상된 무의식에 대한 견해는 1900년의 『꿈의 해석』, 1901년의 『일상생활의 정신병리』, 1905년의 『성이론에 관한 3편의 평론』 등에 잘 나타나 있다. 그의 최고의 업적은 누가 뭐래도 무의식을 발견한 것이라고 할 수 있다. 결국 그는 본격적인 연구와 공부와 수많은 환자의 사례를 분석하고 접할 수 있게 된 1886년으로부터 10년 이상이 지나고 나서 위대한 도약으로 평가받는 논문을 발표했던 것이다.

그리고 그는 여기서 안주하지 않고, 연구와 공부를 지속해 나간다. 그 결과 그는 1904년부터 무려 20년이라는 장구한 세월에 걸쳐서 13편의 정신분석 기법에 대한 새로운 이론을 발표한다. 이 기간에 정신분석요법의 기본이념을 확립했다고 할 수 있다. 그가 쓴 정신분석의 종합적 해설서로 평가하는 『정신분석입문』이 1917년에 탄생했고, 또 다른 종합적 해설서로 평가받는 『속 정신분석입문』이 1933년에 탄생했다는 사실을 통해 볼 때, 그의 연구는 평생을 걸쳐서 이루어졌고, 그의 도약 역시 평생 지속적으로 계속 이어졌음을 알 수 있다.

이처럼 그는 위대한 학자임에 틀림없다. 하지만 우리 모두는 그의 위대한 업적과 그가 남긴 위대한 작품에만 집중할 뿐이다. 그가 남긴 작품 중 평범한 수준에 그치는 작품이 훨씬 많음에도 말이다. 보라. 그가 발표한 650편의 논문 중에서 정확히 1%에서 2%에 해당하는 논문들이 학계에 주목받는 논문일 뿐, 나머지 600편이 넘는 논문은 주목은 말할 것도 없거니와 도리어 쓰레기 취급을 받았다는 사실을 우리 중 아무도 주목도 하지 않고, 고려도 하지 않는다.

프로이트가 얼마나 많은 노력과 훈련과 연습을 했는지 미루어 짐작할 수 있다. 우리가 생각하는 타고난 천재라면 수습 생활을 시작하자마자 『꿈의 해석』이라는 걸작이 탄생해야 한다. 하지만 프로이트와 같은 천재 중의 천재 역시 걸작이 탄생하기 위해 1895년부터 1899년까지 5년의 기간이 필요했고, 그동안 엄청난 노력과 훈련, 집중이 필요했다. 그러한 노력을 하지 않고, 그러한 집중과 온 힘을 쏟지 않고, 단기간에 천재로 거듭나고자 하는 사람은 아무리 재능을 타고났다고 해도 절대로 천재가 될 수 없다. 천재의 탄생은 집중과 인내, 그리고 장기적인 몰입

속에서 이루어진다.

만약 프로이트가 단기간에 성공을 기대하며 충분한 탐구 없이 연구를 마쳤다면, 정신분석학이라는 거대한 패러다임을 만들어내지 못했을 것이다. 천재를 꿈꾸는 사람이라면, 단순한 영재성을 넘어 장기간의 집중적인 훈련과 몰입이 필수적이라는 사실을 반드시 명심해야 한다.

그의 삶은 우리에게 중요한 교훈을 남긴다. 천재는 타고나는 것이 아니라 만들어지는 것이며, 위대한 성취는 끝없는 노력과 연습 속에서 탄생한다. 결국, 프로이트는 타고난 천재라기보다는, 끊임없이 연구하고 노력하며 학문을 개척한 집념의 학자였다. 그가 위대한 학자가 된 것은 천재적인 재능 때문이 아니라, 끊임없는 노력 덕분이었다.

# 찰스 다윈:

# 위대한 여정,

# 비글호 항해에서 진화론까지

영국의 생물학자이자 박물학자이기도 한 찰스 다윈 (Charles Darwin)은 진화론을 체계적으로 정리한 『종의 기원』을 발표하여 서구 문화와 인류의 의식에 큰 영향을 미친 인물이다. 그는 진화론의 창시자가 되어, 생물학계에서 독보적인 존재가 되었다. 하지만 그가 처음부터 그런 천재적인 두각을 보인 천재는 아니었다. 그는 너무나 평범한 아이였다. 이러한 사실을 잘 말해주는 대목을 살펴보자.

200년 전인 1809년에 다윈은 영국 서부의 작은 행정 도시인 슈루즈베리에서 태어났다. 진화론을 주장해서 세상을 떠들썩하게 만든 그였지만 어린 시절은 전혀 특별한 것이 없었다. 다윈의 가족은 경제적으로 여유가 있었으므로 그는 훌륭한 교육을 받을 수 있었다. 당시 그의 가족은 상위 계층과 교류했으며, 다윈에게 경제적인 이유로 돈벌이를 해야 한다는 의무 같은 것은 없었다. 그는 매우 조용하고 침착한 성격이었고, 성장하면서도 이런 성격에는 변함이 없었다.

어린 시절의 다윈에게서 뛰어난 재능이나 특별한 소질을 찾아보기는 힘들었고 지극히 평범했다. 학교에서도 눈에 띄는 점은 없었고, 그의 성품은 매우 친절하고 다정했으며 겸손하고 다른 사람에게 배려를 잘하는 아이였다고 한다.

또한 다윈을 가르쳤던 선생님들은 그가 상당히 평범한 학생이었다고 평가하고 있다. 그리고 그는 자신의 자서전에서도 자신의 평범함을 이렇게 말하기도 했다.

"어렸을 때 모든 선생님들과 어른들은 내 자질이 평범하다고 여겼다. 나와 총명함은 전혀 어울리지 않는 사이였다. 영리한 아이들은 재빨리 이해하고 재치도 있었지만, 내게는 그런 영민함이 없었다."

이처럼 그는 너무나 평범한 아이였다. 그의 젊은 시절은 따분했고, 방황의 나날이었다. 그리고 남다른 천재성도 나타나지 않았다. 의사인 아버지를 따라 의사가 되기 위해 에든버러 대학에 입학했지만, 별다른 흥미도 본인 스스로 느끼지 못했을 뿐만 아니라, 그 어떤 재능도 나타내지 못했다. 결국 학교를 그만두게 되고, 그다음으로 그가 한 것은 아버지의 권유로 목사가 되는 길인 케임브리지 대학을 다니며 신학을 공부해야 하는 일이었다.

하지만 그는 신학 공부에도 그다지 큰 소질과 재능을 보이지 못했다. 그래서 결국 그는 목사가 되지 않았다. 그는 가장 가까이서 오랫동안 평가할 수 있었던 가족들은 그를 우유부단하며 야망이 없고 목표가 없는 그런 별 볼 일 없는 사람으로 평가하기까지 했다고 한다. 얼마나 찰스 다윈이 평범했는지 알 수 있는 대목이다.

> 30대가 될 때까지 다윈은 가족들에게서 목표 의식이 없고 우유부단하며 야망이 없는 사람이라는 평을 들었다. 그래도 그는 개의치 않았다.

해군 측량선 비글 호에 자연학자로 승선해달라는 제의를 받고, 아버지의 완강한 반대에도 승선하면서, 인류의 의식을 급격하게 바꾸어놓게 되는 놀라운 진화론의 이론적 토대와 근거가 되는 수많은 자료를 관찰하고 수집할 수 있는 행운을 얻게 되었던 것이다. 이로써 그는 새로운 생물학자로서의 삶을 시작하게 되었던 것이다.

다른 천재들처럼 그에게도 남다른 습관이 있었다. 그것은 바로 메모 습관이었다. 그리고 그는 자신이 관심이 있는 분야는 무엇이든 자료들을 수집하고 연구하고 관찰하는 습관이 있었다. 그는 매우 훌륭한 메모광이었고, 수집광이었다. 그 결과 그는 비글호의 자연학자로 세계 여행을 통해 우리가 상상도 할 수 없는 방대한 자료를 수집했고, 엄청난 양의 메모와 논문과 글을 썼다. 젊은 시절 특별한 재주도, 소질도 없었던 그가 20년이 넘은 후에 인류 역사상 가장 위대한 발견이라고 평가받는 '종의 미스터리'를 밝힌 학자로 성장하고 발전할 수 있었던 것은 바로 이러한 엄청난 양의 작업에 토대를 두고 있었던 것이다.

아마도 누구라도 찰스 다윈이 했던 것처럼 엄청난 양의 메모를 하고, 세계를 돌아다니면서 방대한 자료를 수집했다면, '진화론'과 같은 이론을 밝혀낼 수 있었을 것이라고 우리는 생각해볼 수 있다.

그가 1831년 12월 27일 비글호의 항해를 시작하여 5년 후에 다시 되돌아올 때까지 그는 많은 자료를 수집했을 뿐만 아니라 다양한 내용에 대한 글과 편지와 논문들을 많이 작성하여 육지에 보낼 만큼 많은 양의 결과물들을 만들어냈다. 그의 남다른 열정과 엄청난 양의 메모와 방대한 자료 수집을 토대로 한 그의 논문은 그에게 약간의 명성을 가져다주었다. 그가 탄 비글호가 5년 동안의 항해를 끝마칠 때쯤에는 이미 다윈은 유명한 학자가 되어 있을 정도로 다양하고 많은 글과 편지들을 썼던 것이다. 하지만 이러한 명성은 어디까지나 아마추어 자연학자로서의 명성일 뿐, 그것이 세상을 놀라게 할 만큼, 그리고 후세에 길이 남을 만큼 위대한 논문들은 아니었다. 그에게 위대한 명성을 안겨주고, 세상을 놀라게 할 만큼 위대한 논문은 이러한 연구와 수집과 공부가 평생 끊임없이 계속된 결과 탄생한 평생의 역작이라고 할 수 있다.

그가 얼마나 다양한 분야에 대한 논문을 쓰고, 활동을 했는지에 대해 우리는 그가 생물학이 아닌 지리학과 동물학에 대해 폭넓게 자료를 수집하고 연구와 공부를 하고, 그것에 대해 논문을 쉼 없이 작성하고 발표했다는 사실을 통해 쉽게 알 수 있다. 그는 지리학자로서 활동하며, 동물학 연구에도 전념했다. 그가 진화론을 쓰기 시작한 1856년 이전에 그는 이미 다양하고 방대한 논문을 발표했던 학자였다. 그러한 엄청난 양의 논문과 집필과 연구와 자료들이 결국 『종의 기원』의 토대가 되어주었고, 세계적인 수준의 천재적인 논문이 탄생하게 되는 밑거름이 될 수 있었던 것이다.

그가 남과 달랐던 것은 굉장한 메모광이었다는 점인

데, 이것은 그가 방대한 양의 지식과 관찰과 연구를 쉴 새 없이 했다는 것을 잘 말해준다. 그는 평생 약 1만 5,000통에 이르는 편지를 쓸 만큼 글을 쓰고 메모하는 것을 좋아했다. 그리고 그는 방대한 양의 엄청난 학문적인 노트와 글을 기록으로 남겼다.

그에게 진화론의 단초를 제공해준 것은 그가 항해를 시작할 때 가지고 간 찰스 라이엘(Charles Lyell)의 『지질학 원론』이었다. 이 책을 통해 다윈은 지구에서 일어나는 변화는 누군가의 창조가 아닌, 오랜 기간에 걸쳐 점진적으로 이루어진 것이라는 의식과 생각에 서서히 눈을 뜨게 되었던 것이다. 그래서 나중에 다윈은 이러한 사실을 고백한 적이 있다.

"내 생각의 반은 라이엘의 머리에서 나왔다."


그리고 찰스 다윈은 자신이 과학사에 큰 업적을 남길 수 있게 된 결정적 계기가 자신의 지능이나 재능이 뛰어난 천재였기 때문이 아니라, 엄청난 에너지와 열정을 쏟아부었기 때문이라고 밝히기도 했다.

"열성적인 노력과 집중적인 관심을 쏟은 결과 많은 것들을 습득할 수 있었다. 이런 훈련이야말로 내가 과학사에 업적을 남길 수 있도록 가장 근본적인 도움을 준 것이라고 확신한다."

　그의 말대로 그가 열성적인 노력과 집중적인 관심을 쏟지 않았다면 많은 것들을 습득할 수 없었을 것이다. 그렇게 되었다면 그는 절대로 '진화론'과 같은 놀라운 이론을 발견해낼 수 없었을 것이다.

　그가 1835년에 도착한 갈라파고스 제도는 다윈에게 엄청난 정보와 자료를 제공해주었다. 하지만 찰스 다윈도 우리와 다를 바 없는 아마추어다운 실수를 범하기도 했다. 새들의 표본을 채집하면서 정확히 어느 섬에서 잡은 것인지 그 출처를 확실하게 표시해두지 않는 실수를 범하기도 했기 때문이다. 하지만 이 덕분에 한 종류의 새들이라도 환경이 다른 섬에 살게 되면 약간씩 서로 다른 형태로 변화된다는 사실을 또한 알게 되는 행운을 얻기도 했다.

　그뿐 아니라, 그는 토머스 맬서스의 『인구론』을 읽으면서 많은 단서를 얻게 되었다. 이런 점들을 다 종합해보면, 진화론이란 이론은 찰스 다윈의 천재적인 머리에서 고스란히 나온 것이 아니라, 그의 열정과 노력과 그가 수

집한 방대한 자료와 그의 메모와 함께 수많은 다른 책들의 공부를 통해 다른 학자들의 이론들을 많이 연구하는 과정에서 습득하게 된 수많은 다른 학자들의 이론들이 전부 다 통합되어 진화론이 탄생하게 되었다는 사실을 우리는 알 수 있다.

결국 진화론은 어마어마한 방대한 자료와 함께 엄청난 양의 공부와 연구를 통해 탄생하게 되었던 것이다. 찰스 다윈은 20년이 넘게 연구하고 집대성하여 종(種)에 관한 방대한 양의 논문을 집필해왔던 것이다. 아니 정확히 말해서는 그가 집필하고 연구해온 수많은 연구가 쌓이고 쌓여서 결국에는 진화론이라는 논문이 탄생하게 되었다고 볼 수 있다.

찰스 다윈도 그가 발표한 논문들은 모두 119편이다. 우리는 그중에서 단 한 편의 논문 즉 그가 발표한 논문의 1%인 진화론에 대한 논문만 기억할 뿐 나머지 118편의 논문이 어떤 내용이고 어떤 제목인지 알지 못한다. 하지만 그는 동식물과 지질학 분야에서 많은 저작을 남겼다. 분명한 사실은 세계인들이 모두 주목하고, 위대한 발견이라고 놀라워하는 『종의 기원』은 그가 수많은 논문을 발표한 이후에 쓰인 논문이라는 점이다.

그가 평생 논문을 발표하지 않고 있다가, 갑자기 『종의 기원』이란 논문을 쓰고, 갑자기 발표하는 그런 상황은 존재하지 않는다는 점을 우리는 알아야 한다. 세계적인 수준의 위대한 발견으로 평가받고 있는 『종의 기원』이란 논문을 그가 쓸 수 있었던 것은 그가 그 논문을 쓰기 이전에 썼던 별 볼 일 없었던 그리고 혹은 약간 훌륭한 100편이 넘는 수많은 논문을 썼기 때문이었던 것이다.

"나는 내가 할 수 있는 한 가장 열심히 그리고 가장 잘했다. 이보다 더 잘할 수 있는 사람은 없다."라는 말을 되뇌면서 그는 연구에 몰두하면서, 많은 논문을 발표했던 것이다. 그가 22세의 젊은 나이에 비글호에 박물학자로서 승선한 1831년으로부터 정확히 28년 후인 1859년에 그는 진화론에 관한 자료를 정리한 『종의 기원』이라는 저작을 발표했다. 이 논문의 정식 명칭은 '자연선택에 의한 종의 기원에 관하여'이다. 여기서 그는 자연선택설을 요인론으로 한 것이었는데, 주된 견해는 개체 간에 경쟁이 언제나 일어나고 자연의 힘으로 선택이 반복되는 결과, 진화가 생긴다고 하는 견해이다.

어떤 종의 개체 간에 변이가 생겼을 때 환경에 가장 잘 적합한 종만이 살아남고, 부적합한 것은 멸망해버린다는 자연선택설은 개체 간의 변이가 어떻게 생기느냐에 대해서는 설명하지 못했다. 그리고 개체 간에 경쟁이 일어난다고 하는 견해 역시 맬서스의『인구론』에서 얻은 것이었다. 그리고 다윈은 이후로도 지속적인 연구를 계속하였고, 계속 논문들을 발표하였다.

세상 사람들은 찰스 다윈에 대하여, 진화론의 창시자로만 생각하겠지만, 그는『지렁이의 작용에 의한 토양의 문제』,『가축과 재배작물의 변이』,『식물의 운동력』,『식물의 교배에 관한 연구』,『인간과 동물의 감정 표현』등과 같이 다방면의 연구를 수행한 박물학자이기도 했다.

이러한 점들을 모두 종합해볼 때, 찰스 다윈이 '종의 기원'을 발표할 수 있었던 것은 그 이전에 훌륭한 학자들의 이론이 있었고, 본인 스스로도 수 10년이 넘도록 불굴의 노력과 열정과 방대한 양의 연구 결과들이 있었기 때문이다. 그런 점에서 천재는 타고나는 것이 아니며, 저절로 주어지는 재능으로 만들어지는 것이 아니라, 불굴의 노력으로 스스로 만들어 나가는 것이다.

찰스 다윈도 스스로 자신을 천재로 만들어나간 인물이라는 사실을 우리는 또 다른 주장에서 확인해볼 수 있다.

다윈의 끝없는 호기심과 연구에 대한 열정은 생물학의 혁명을 가져왔다. 그는 결코 '특출한 재능'을 타고나지 않았다. 그는 선천적인 것과는 거리가 먼 근면성, 직관적 사고, 학문에 대한 열정으로 세상을 변화시켰다.

특출한 재능을 타고나지 않았던 다윈이 특출한 논문을 발표할 수 있었던 것은 근면성과 직관적인 사고와 학문에 대한 열정 때문이었던 것이다.

다윈은 자신이 『종의 기원』을 발표하고 나서도, 계속해서 연구와 공부를 지속하면서 이 논문의 약점을 보완해 갔고, 다듬어 갔음을 그의 말년의 연구활동을 통해 알 수 있다.

그의 삶을 통해 확실하게 알 수 있는 한 가지 사실은 위대한 작품은 저절로 혼자만의 힘으로 만들어지는 것이 아니라, 이전의 거인의 어깨 위에 올라서는 것을 발판으로 삼아 도약을 거듭해야 만들어질 수 있다는 사실이다. 이러한 사실은 물리학에서 사상의 혁신을 가져온 뉴턴 역시 이미 깨닫고 그것을 실천했음을 그의 말을 통해 알 수 있다.

"내가 이 세상을 멀리 볼 수 있는 것은 거인의 어깨 위에 서 있을 수 있기 때문이다."

이처럼 다윈 역시 혼자서의 힘과 재능으로 그 모든 것
을 발견하고 이론을 창시했던 것이 절대 아니다. 피나는
노력과 불굴의 투지로 그는 과거의 거인들의 어깨 위에
서 시작했으므로 좀 더 훌륭한 이론을 창시할 수 있었던
것이다. 결국 이러한 모든 것들이 가능하기 위해 가장 필
요한 것은 스스로의 엄청난 노력이라고밖에는 말할 수
없을 것이다.

뉴턴이 데카르트의 『기하학』을 읽으며 극심한 어려움
을 겪었다는 일화는 그가 특별한 천재가 아니었음을 보
여준다. 그는 한 페이지를 읽고도 제대로 이해하지 못해
좌절했고, 반복해서 읽고 또 읽었지만 여전히 이해하기
어려웠다. 결국 그는 수십, 수백 번 같은 내용을 다시 읽
으며 끝없는 반복 학습을 통해 지식을 체득했다. 그렇게
해서 거인들이 평생 연구하여 쌓아 올린 학문적 성과를
자신의 것으로 완전히 소화한 후, 그 기반 위에서 새로운
과학을 창조할 수 있었다. 뉴턴이 '거인의 어깨 위에 올
라섰다'고 말한 것은, 그가 스스로의 노력과 반복 학습을
통해 학문의 거대한 축적 위에 자신의 업적을 쌓았음을

의미한다.

이러한 노력과 인내는 천재들의 공통된 특징이다. 미켈란젤로 역시 〈천지창조〉를 완성하기 위해 혹독한 육체적 고통과 인내를 견뎌야 했으며, 찰스 다윈 역시 엄청난 연구와 자료 분석을 통해 『종의 기원』을 탄생시켰다.

결국 우리가 배워야 할 것은 천재들의 특별한 재능이 아니라, 끊임없는 노력과 어려움을 극복하려는 자세다. 위대한 업적은 단순한 영감이나 선천적 능력에서 비롯되는 것이 아니라, 끈질긴 탐구와 인내, 그리고 반복 학습 속에서 탄생하는 것임을 뉴턴과 수많은 위대한 인물들의 삶이 증명하고 있다.

# 세스 고딘:

# 마케팅을 예술로 만든

# 천재의 사고방식

세계적인 베스트셀러 작가이기도 하지만 본업은 마케팅 회사 CEO이면서 마케팅 혁명가인 세스 고딘(Seth Godin)은 세계적인 경영 구루(guru) 중 한 명이다. 그가 작가로서 명성을 높일 수 있었던 작품을 단연 『보랏빛 소가 온다』일 것이다. 그래서 우리는 그가 이 분야에 처음부터 소질과 재능이 남다를 것이었다고 지레짐작하곤 한다. 하지만 그것은 큰 오산이다.

세스 고딘의 저작 중 하나인 『린치핀』을 보면 이러한 사실에 대해 진실을 알게 된다.

예술가들은 현실과 비현실의 경계에서 사고한다. 그곳에서 예술이 만들어지기 때문이다. 그곳에 청중이 있고 생산 수단이 있다. 또한 충격을 만들어낼 수 있다.

어떤 일을 마무리했다고 그것이 곧 걸작이 되는 건 아니다. 하지만 모든 걸작은 마무리가 완벽하다. 나는 책을 100권 이상 만들어냈다. 물론 모든 책이 잘나가지는 않았다. 하지만 그 책들을 쓰지 않았다면 나는 이 책을 쓸 기회를 갖지 못했을 것이다. 피카소는 1,000점 이상의 그림을 그렸다. 그러기에 사람들은 피카소의 그림을 3개 이상 알고 있다.

앞으로 이야기하겠지만, 우리 사회에서 가장 부족한 것은 생산하고자 하는 본능이다. 해법을 창조하면 문밖으로 내보내야 한다. 안으로는 인간적인 면을 감동시켜야 하고 바깥으로는 사람들의 관계를 맺어주어야 한다.

세스 고딘의 이 말에서 우리는 중요한 교훈을 얻을 수 있다. 그가 100권 이상의 주목받지 못한 책을 썼기 때문에, 결국 세계적인 베스트셀러를 탄생시킬 기회를 가지게 되었다는 사실이다. 단순한 행운이 아니라, 오랜 시간 쌓아온 경험과 연습이 그의 성공을 가능하게 했다.

뿐만 아니라, 그가 100권 이상의 평범한 책을 집필하면서 내공과 실력이 점진적으로 향상되었음을 알 수 있다. 세스 고딘은 주목받지 못한 수많은 글을 쓰면서도 멈추지 않았고, 그 과정에서 실력이 차곡차곡 쌓여 결국 '도약의 순간'을 맞이했다.

마치 태산이 태산이 될 수 있었던 것은 작은 흙덩이 하나도 마다하지 않았기 때문이듯, 세스 고딘 역시 매일 연습하고 훈련하며 결코 중간에 포기하지 않았다. 그 결과, 그는 어느 순간 커다란 성장을 이루었고, 이후 그의 작품이 세계적인 베스트셀러로 자리 잡을 수 있었다.

그는 『세스 고딘의 시작하는 습관』에서 이렇게 말한다. "규칙적으로 일하라. 예술은 어렵다. 무언가를 파는 일은 어렵다. 글쓰기 역시 어렵다. 차이를 만들어내는 일 또한 결코 쉽지 않다. 어려운 일을 마주하거나 거절당할 때, 실패할 때, 문제 해결에 나서야 할 때야말로 커피를 마시며 한숨 돌릴 시간이 아니다."

그가 강조하는 바는 명확하다. 세상을 놀라게 하려면 무엇보다 '시작'하는 것이 중요하다. 그는 망설이지 말고 도전하라고 조언하며, 가장 많이 실패한 사람이 결국 가장 크게 성공한다는 점을 강조한다.

무엇보다 '끊임없이 시작하는 사람'이 되어야 한다는 메시지는 그의 철학의 핵심이다. 예술이 어렵고, 글쓰기가 어렵지만, 지속적으로 시작하고 규칙적으로 일할 때 비로소 차이를 만들어낼 수 있다. 성공의 비결은 영감이 아니라, 끊임없는 실행과 반복되는 도전 속에서 탄생하는 것이다.

천재적인 재능을 타고난 사람이라도 규칙적으로 습관을 가지고 한 분야에 천착하지 않는다면, 결코 위대한 업적을 남기지 못한다. 그런 점에서 습관이 얼마나 중요한 것인지 알 수 있다. 고대의 철학자인 아리스토텔레스도 위대함은 재능에서 비롯되는 것이 아니라 습관에서 비롯된다고 말한 바 있다.

"우리가 반복적으로 하는 행동이 우리를 형성한다. 그러므로 위대함은 하나의 행동이 아니라 습관이다."

러시아의 대 문호 도스토옙스키도 습관의 중요성을 잘 알고 있었던 것 같다. 그는 좋은 습관만 가지고 있으면 어떤 일도 해낼 수 있다고 말했다.

"습관이란 인간으로 하여금 어떤 일이든 하게 한다."

이처럼 습관, 특히 규칙적으로 일하는 것은 아무리 평범한 인물이라도 비범한 인물로 도약하는 가장 중요한 원칙이다. 규칙적으로 일하는 습관이 매우 중요한 또 다른 이유는 위대한 작품은 오랫동안의 준비와 인내를 통해 만들어지기 때문이다. 규칙적으로 일하는 습관은 이러한 준비와 인내를 가능하게 해주는 가장 좋은 방편이기 때문이다. 에이브러햄 링컨은 준비의 중요성에 대해 다음과 같은 유명한 말을 남긴 적이 있다.

"만약 나에게 나무를 베는 데 1시간이 주어진다면 45분

동안은 도끼의 날을 가는 데 쓸 것이다."

그의 말대로, 준비하는 데 우리는 더 많은 시간을 투자해야 함을 명심해야 한다. 그런데 가장 좋은 준비는 나무꾼이 도끼의 날을 가는 것처럼 학자들은 방대한 양의 공부를 하고, 엄청난 양의 책을 읽고, 사색을 해야 한다. 그리고 다양한 분야의 책을 집필해보는 것이다. 실전만큼 좋은 연습도 없다는 말이 있듯이, 결국 천재들을 만든 것은 좋은 연습이 되어주는 방대한 양의 창작 활동이라고 할 수 있다.

# 존 스튜어트 밀:

# 평범한 소년에서 비범한 사상가로

영국의 천재적인 사상가로 유명한 존 스튜어트 밀(John Stuart Mill)은 철학자이면서도 동시에 정치경제학자다. 이렇게 유능한 천재가 어렸을 때는 평범한 아이였다는 사실을 아는가?

지금도 세계 유명 대학교에서 유행하고 있는 '존 스튜어트 밀식 독서법'은 존 스튜어트 밀이 어떻게 평범한 둔재에서 천재로 거듭나게 되었는지에 대한 하나의 방증인 셈이다.

20대 중반에 천재 사상가의 반열에 오른 영국의 유명한 경제학자 존 스튜어트 밀의 인생을 조사해보면서 알게 된 사실은 엄청난 훈련을 하게 되면, 둔재 역시 천재로 도약할 수 있다는 사실이었다.

우리를 놀라게 하는 사실 중 하나가 인류 역사상 머리가 가장 좋은 사람들을 손꼽는다면, 그중 한 명으로 꼽힐 만큼 천재적인 두뇌의 존 스튜어트 밀도 처음에는 평범한 지능의 평범한 사람이었다. 그런데 어떻게 해서 그는 평범한 둔재였음에도, 고전파 경제학 최후의 체계적인 이론가로 고전파 경제학을 완성하였을 뿐만 아니라 논리학, 경제학, 철학, 정치학 등과 같은 다양한 분야에서 눈에 띄는 두각을 나타낼 수 있었을까?

그 비밀은 바로 존 스튜어트 밀이 짧은 시간에 많은 독서를 할 수 있도록 아버지로부터 집중 독서 훈련을 받았다는 데 있다. 이렇게 그가 받은 집중 독서 훈련이 나중에는 '존 스튜어트 밀식 독서법'으로 발전하고 이어졌던 것이다. 그는 어느 일정 시간 동안에 당시 또래 아이들이 배우고 익히는 책보다 훨씬 많은 양의 방대한 독서를 통해 도약하게 되었고, 결국에는 천재적인 머리를 갖게 되었던 것이라고 볼 수 있다.

그의 아버지는 영국 공리주의의 지도자였던 제임스 밀이었다. 제임스 밀은 자신의 아들을 훌륭한 사람으로 키우기 위해, 매일 고전을 포함하여 다양하고 폭넓은 분야의 많은 책을 읽게 했고, 그것을 점검하고, 독서에 집중할 수 있도록 매일 아침마다 아들과 함께 토론을 하기 시작했다. 그 결과 존 스튜어트 밀은 누구보다 열심히 책에 파묻히게 되었고, 그러한 집중 독서 훈련을 통해, 자신은 또래보다 최소한 25년 이상을 앞서 갈 수 있었다고 『존 스튜어트 밀 자서전』을 통해 고백한 적이 있다.

내가 만약에 무슨 일을 해낼 수 있었다면 그것은 운이 좋은 것도 있지만, 내가 아버지로부터 받은 초기 훈련의 모든 것을 통해 같은 내 또래의 사람들보다 4분의 1세기 빨리 출발했다는 사실 덕택이라 해도 과언이 아니다.

아버지는 이렇게 말했다. "이제부터는 새로운 사람들과 사귀게 됨에 따라 너는 네 또래의 젊은 사람들보다 많은 것을 배웠다는 사실을 알 것이다. 또 많은 사람들이 네가 많은 것을 배웠다고 칭찬할 것이다." 이때의 아버지의 말씀을 끝까지 외우고 있지는 않지만 마지막으로 이렇게 끝맺었던 것을 기억한다. "네가 남보다 무엇을 더 알고 있다 해서 그것이 네 자신의 공은 아니다. 너를 가르칠 수 있었고 거기에 필요한 수고와 시간을 바치는 데 인색하지 않았던 아버지를 가진 너의 행운의 덕이다."

존 스튜어트 밀을 천재로 만든 것은 재능이나 지능이 아니라, 엄청난 노력과 훈련과 연습이었다. 그는 어린 나이에 엄청난 노력과 훈련과 연습을 통해, 사고와 의식의 수준이 비약적으로 도약을 하는 것을 경험하게 되었다. 그래서 그는 스스로를 자신의 또래들보다 25년이나 높은 의식과 사고 수준을 가지게 되었음을 밝히기도 했다. 엄청난 노력과 훈련을 통해 그는 평범한 사람에서 천재의 머리를 가진 천재로 자신을 성장시킬 수 있었던 것이다.

많은 독서와 끊임없는 훈련을 통해 평범한 사람이 위대한 천재로 변모하는 사례는 존 스튜어트 밀만의 이야기가 아니다. 레오나르도 다빈치, 윈스턴 처칠 역시 이러한 경우에 속하며, 그 밖에도 수많은 인물들이 엄청난 노력과 반복적인 훈련을 통해 둔재에서 천재로 거듭났다.

그중에서도 존 스튜어트 밀은 평범한 지능을 가진 아이가 혹독한 교육을 통해 천재로 변모한 대표적인 사례라 할 수 있다. 그는 타고난 천재가 아니었으며, 단지 다른 아이들보다 훨씬 많은 독서 교육을 받았을 뿐이었다.

어린 시절부터 그는 아버지의 강도 높은 교육 아래 혹독한 학습을 경험했다. 열 살이 되기도 전에 소크라테스의 모든 저서를 비롯해 플라톤의 『대화편』을 탐독하도록 훈련받았으며, 엄청난 양의 공부를 소화했다. 10대 초반에는 정치경제학, 철학, 논리학을 깊이 파고들며 방대한 학습량을 소화해 나갔다.

존 스튜어트 밀은 평범하게 태어났지만, 혹독한 교육과 끊임없는 학습을 통해 탁월한 지성을 갖춘 인재로 거듭났다. 그의 사례는 천재란 타고나는 것이 아니라, 철저한 노력과 집중적인 훈련 속에서 만들어질 수 있음을 보여주는 대표적인 증거라 할 수 있다.

아버지가 논리학과 정치 경제학을 내게 가르친 방법만
큼 철저했거나 소양을 기르는 데 적합했다고 할 수 있는
과학적 교육은 전례가 없었으리라고 생각한다. 모든 것
을 나로 하여금 스스로 찾아내게 함으로써 내 능력을 활
성화하려고 조금 지나칠 정도로 노력하는 일환으로, 아
버지는 설명을 먼저 해주지 않고 내가 목전에 봉착한 난
점의 어려움을 완전히 느끼게 된 다음에 해줬다. 그리하
여 논리학과 정치경제학이라고 하는 굉장한 학문에 관
해서 당대에 알려진 모든 지식을 정확하게 전수해줬을
뿐만 아니라, 나를 그 분야에 관한 독자적인 사상가로
만들었다.

그렇다며 그는 어떤 1%의 법칙을 가지고 있었던 것일
까?

그는 철학, 정치학, 경제학, 논리학, 윤리학 등 다양한
분야에서 우리가 상상조차 할 수 없을 정도로 방대한 저
술을 남겼다. 단순한 연구자가 아니라, 직접 사상과 이론
을 발전시키며 시대를 이끌었던 사상가였다. 그의 저술

은 단순한 지식의 나열이 아니라, 사회와 인간 본질에 대한 깊은 탐구의 결과물이었으며, 오늘날까지도 학문적 가치를 인정받고 있다.

그는 열일곱 살 때인 1823년부터 자신의 아버지가 근무했던 영국의 '동인도 회사(East India Company)'에서 근무를 시작해, 1858년까지 36년 동안 재직하였고, 그 기간에 연구와 저술활동을 했다. 퇴근 후에는 연구와 집필에 몰두하며 학문을 향한 열정을 포기하지 않았다. 누구보다 철저한 자기관리와 지속적인 연구를 통해 엄청난 생산성을 유지했다.

물론 스물한 살 때 극심한 신경 쇠약에 시달린 적은 있었지만 곧 회복될 수 있었고, 그의 연구와 저술활동은 평생 활발하게 이루어졌다.

가장 많이 알려지고 높게 평가받는 그의 작품 중 하나인 『자유론』이 1859년에, 『공리주의)가 1863년에, 그리고 『자서전』이 1873년에 쓰인 것을 볼 때 그의 최고의 시대는 그가 엄청난 양의 저술활동과 연구를 하고 나서라는 점을 우리가 알 수 있는 증거는 그가 그전에 〈논리학 체계〉와 〈정치경제학 원리〉를 저술했다는 사실이다. 그리고 그는 그 이후에도 방대한 양의 저술활동을 했고, 그

중에서 수준 높은 작품으로는 『대의정치에 대한 고찰』과 『여성의 예속』을 꼽을 수 있다.

결국 그는 직장에 다니면서도 수많은 저술을 남길 만큼 학문적 성취를 이룬 인물로 기억되며, 시대를 초월하는 사상가로 자리매김했다.

밀은 59세의 나이에 정치에 직접 참여하는 새로운 도전을 하기도 했다. 그의 학문적 업적과 사상은 이미 널리 알려져 있었고, 많은 사람들은 그의 정치적 식견과 철학적 깊이가 국가 운영에도 큰 도움이 될 것이라 믿었다. 특히 그의 명성을 잘 알고 있던 선거구민들은 강한 신뢰를 보냈고, 그에게 적극적으로 출마를 권유했다.

결국, 그는 이러한 지지에 응답하며 하원의원 선거에 출마했고, 당선되었다. 학자로서의 길을 걷던 그가 직접 정치 무대에 올라 정책과 입법 활동에 참여한 것은 그의 사상과 철학을 실천으로 옮긴 중요한 순간이었다. 그의 정치 활동은 단순한 권력의 획득이 아니라, 그가 평생 연구하고 주장했던 자유주의적 가치와 민주주의 원칙을 실현하려는 노력이었다.

그의 인생 최고의 업적은 경제학자로서 애덤 스미스의 뒤를 이어 고전학파 경제학을 집대성한 업적과 함께 주요 저작으로 평가받고 있는 『논리학 체계(A System of Logic)』(1843), 『정치경제학 원리(Principles of political Economy)』(1848), 『자유론(On Liberty)』(1859), 『대의정치론(Considerations on Representative Government)』(1861), 『공리주의(Utilitarianism)』(1863), 『영국과 아일랜드(England and Ireland)』(1868), 『자서전(Autobiography)』(1873) 등의 저술이라고 할 수 있을 것이다.

그의 삶을 통해 우리가 알 수 있는 한 가지 사실은 그는 평생 방대한 양의 연구와 저술을 남겼다는 것이다. 그리고 그 저술 중 세계적으로 인정받고 있고, 널리 알려져 있는 주요 저서들은 열 권 정도라는 점이다.

존 스튜어트 밀도 1%의 법칙이 그대로 적용된다고 할 수 있다. 아무리 천재라 하더라도 그가 저술한 모든 작품이 고르게 세계적인 수준의 작품이라고는 할 수 없다. 우리는 그가 연구하고 집필한 방대한 양의 저술 중 1%에 해당하는 작품들을 통해 그를 더욱더 천재로 평가하고 만들고 인정하고 있을 뿐이다.

# 알베르트 아인슈타인:

# 물리학의 혁명을 이끈

# 집념과 사고의 힘

천재 과학자라고 하면 누가 가장 먼저 떠오르는가? 대부분의 사람들은 아인슈타인을 떠올릴 것이다. 나 역시 과학의 역사에서 가장 독보적인 존재로 남아 있는 인물로 아인슈타인을 꼽는다. 그는 현대 물리학의 상징적인 인물이며, 그의 이론 없이는 오늘날의 물리학을 설명할 수 없을 정도로 중요한 학자다. 하지만, 이렇게 위대한 업적을 남긴 아인슈타인은 태어날 때부터 타고난 천재였을까? 아무런 노력 없이 자연스럽게 위대한 과학적 발견을 이루었을까?

우리가 반드시 생각해봐야 할 가장 중요한 질문은 그가 타고난 천재였는지, 아니면 만들어진 천재였는지다. 이 질문에 답하기 위해서는 그의 출생과 어린 시절을 살펴볼 필요가 있다. 천재로 기억되는 아인슈타인 역시 어린 시절에는 평범한 아이였다. 오히려 학습이 느리고 말이 늦었던 아이로 자랐다.

1879년 3월 14일, 독일 울름(Ulm)에서 태어난 아인슈타인은 유난히 체중이 많이 나가는 아기였다. 그의 누이동생 마야에 따르면, 아인슈타인은 항상 조용했고, 손이 많이 가지 않는 아이였다. 하지만 특별한 점이 하나 있었다. 그는 말을 배우는 데 상당한 어려움을 겪었고, 이로 인해 가족과 주변 사람들은 그가 평생 말을 하지 못할지도 모른다고 걱정했다. 어린 시절부터 천재성을 보인 것이 아니라, 오히려 발달이 느린 아이로 여겨졌던 것이다.

그리고 그의 학업성적은 일단 뛰어나지 않았다는 점을 짚고 넘어가야 한다. 하지만 다른 일각에서는 아인슈타인의 어린 시절이 크게 왜곡되었을 여지가 있다고 말하기도 한다. 하지만 아인슈타인은 학교 교육을 무척 싫어했고, 그 때문에 학교 선생님에게 좋은 소리를 듣지 못했다는 것은 명백한 사실인 것 같다. 초등학교 선생님한테서는 '무엇을 할지라도 성공할 가능성이 희박하다'라는 소리를 듣기까지 했다.

그의 어린 시절과 학창 시절을 살펴보면, 아인슈타인은 결코 타고난 천재처럼 보이지 않았다. 학업 성적이 뛰어나지 않았고, 고등학교를 중퇴했으며, 취리히 연방공과대학 입학에도 실패해 재수를 해야 했다. 또한, 대학 졸업 후에도 교사로 일하고자 했으나 자리를 얻지 못해 결국 스위스 특허국에서 일하게 되었다.

대학 시절, 그는 한 교수로부터 '게으른 개'라는 평가를 받을 정도로 정규 교육 과정에는 큰 관심을 보이지 않았다. 그러나 학교를 졸업한 후 스위스 특허국에서 3급 기술 시험사로 근무하면서 본격적으로 물리학 연구에 몰두하기 시작했다.

특히 놀라운 점은 1902년 베른의 스위스 연방특허국에서 3등 심사관으로 일하기 시작한 후, 불과 3년 만인 1905년에 무려 25편의 논문을 발표했다는 사실이다. 이는 그가 얼마나 생산적이며, 방대한 양의 연구와 글쓰기를 지속했던 인물인지 잘 보여준다.

그가 발표한 25편의 논문 뒤에는, 아마도 수백 편의 미완성 원고와 수년간의 연구와 사색이 축적되어 있었을 것이다. 이는 단순한 천재성만으로 이루어진 것이 아니라, 끝없는 학습과 몰입, 그리고 끊임없는 실험과 연구의 결과였다. 이러한 사실을 뒷받침하는 논거는 베르너 지퍼의 저서 『재능의 탄생』에서도 확인할 수 있다.

알베르트 아인슈타인이 선천적으로 출중한 사고 능력을 가지고 태어난 것은 절대 아니었다. 이 세계적인 천재조차도 제일 먼저 거인의 어깨에 올라타는 것, 즉 스스로 원하는 삶이나 목표를 이미 성취한 사람들을 따라 배우는 것부터 시작해야 했다. 일찍부터 그러기 시작한 아인슈타인은 자신한테 필요하다고 생각되는 곳에 시간을

**할애했다.**

이 대목에서 아인슈타인이 몇 년 사이에 25편의 논문을 쏟아낼 수 있었던 비결이 그의 재능 때문이 아니라, 위대한 거인들을 따라 배우는 데 엄청난 시간을 할애했다는 사실이라는 점을 알 수 있다. 그 역시 목표를 이미 성취해 낸 거인들을 따라 배우는 것부터 시작했던 것이다. '거인의 어깨 위에 올라가기 위해 노력하고 공부했다'고 말한 뉴턴처럼, 아인슈타인 역시 거인들이 평생을 거쳐서 습득한 지식과 업적들을 빨리 습득하기 위해 따라 배우는 것에 노력했고, 시간을 투자했다는 사실을 우리는 알아야 한다.

그가 오래전부터 동료들과 토론을 하면서 자신의 연구에 대해 이야기했다는 사실을 통해서도 그가 얼마나 자신의 연구에 집중하고 있었는지를 알 수 있다. 하지만 아무리 오랫동안 동료들과 토론을 하고 연구를 해 왔다 해도 보통 사람은 1년에 25편의 논문을 발표한다는 것은 매우 놀라운 일이다. 미리 오래전부터 그는 수백 편의 논문을 쓰고도 남을 사색과 연구를 해오고 있었던 것이고, 가장 중요한 사실은 그가 남과 다르게 매우 생산적이었다는 사실이다.

학계에 크게 주목도 받지 못하는 논문들을 1년에 22편이나 발표했다면, 미발표한 논문들은 얼마나 많을지 우리는 쉽게 상상을 할 수 있을 것이다. 그도 우리와 다를 바 없는 아마추어 시절이 있었다는 사실을 말해주는 대목이 있다.

아인슈타인도 다른 사람들과 마찬가지로 성숙한 사고를 할 때까지는 발달 단계를 거쳐야 했다. 신동이라고 해서 모든 것을 갖추고 태어나는 것은 아니다. 아인슈타인이 처음 발표한 논문들은 당시의 주요 물리학 잡지에 금방 게재되긴 했지만, 그렇다고 수준이 특별히 뛰어난 편은 아니었다.

거장들의 삶에서 밝혀낸 창조성의 조건에 대한 책인 하워드 가드너의 『열정과 기질』이란 책에 나오는 문장이다. 천재라고 그들이 발표하는 논문이 모두 천재적인 수준 높은 작품일 것이라는 것은 많은 사람이 쉽게 빠질 수 있는 생각의 오류에 불과하다.

1905년에 아인슈타인이 물리학계에 선사한 논문은 25

편이고 그중 세 편은 물리학을 완전하게 뒤바꿀 정도의 획기적이고 수준 높은 논문들이었다. 그래서 물리학에서는 1905년을 '경이의 해'라고 부르게 되었다. 학계의 주목을 받고 높게 평가받은 세 편의 논문 중 첫 번째 논문은 광전효과에 대한 것이며, 두 번째 논문은 브라운 운동에 대한 것이다. 그리고 세 번째 논문인 '움직이는 물체의 전기 동력학에 관해서'가 바로 특수상대성이론에 대한 것이었다. 아인슈타인은 16년이 지나 1921년에 광전효과에 대한 법칙을 발견한 공로로 노벨 물리학상을 받게 된다.

아무리 어느 시점에 천재로 거듭난 아인슈타인이라고 해도 그가 발표한 25편의 논문 중에서(미발표한 논문은 아마도 수백 편이 되었을 것으로 추정함) 주목을 받게 되는 수준 높은 논문은 불과 세 편에 불과했다는 사실을 통해 우리는 나머지 별 볼 일 없었던, 주목받지 못했던 평범한 수준의 22편의 논문이 있었다는 사실에 집중해야 한다. 그 이유는 이러한 사실이 바로 1%의 법칙에 아인슈타인일지라도 벗어나지 못한다는 증거가 되기 때문이다. 거장들의 삶에서 창조성의 조건을 연구해온 하워드 가드너도 아인슈타인에 대해 이런 말을 했다.

"20세기 초에 발표된 아인슈타인의 논문 모두가 주옥

같은 성과를 이룬 것은 아니다. 사실 그중 몇 편은 쓸모 없는 논문이라고 아인슈타인 스스로 공언했을 정도다."

스스로가 직접 공언할 정도라면 다른 논문들은 어땠을까? 평범한 수준에 머물렀다고 생각할 수 있다. 그리고 그가 우리가 생각하는 우리와 전혀 다른 천재가 아니라는 사실에 대해 그의 탁월한 성과와 업적은 마흔 살 이후에는 별로 나타나지 않았다는 점에서 찾아볼 수 있다. 우리가 생각하는 놀라운 천재들은 그저 생각만 해도 놀라운 성과들이 하늘에서 뚝 떨어지듯 뿜어져 나온다고 생갈 해볼 수 있지만 그렇지 않다는 점이다.

**독창적인 과학자로서의 아인슈타인은 마흔 살 때 끝났다고 봐도 무방하다. 하지만 그는 과학과 철학, 심리학, 인간 본성, 세계 문제 등에 관해 계속 성찰하면서 남은 생애에서도 여전히 왕성하게 활동했다.**

아인슈타인의 가장 위대한 업적은 그가 20대 때와 30대 때 나왔다. 그 후로 그가 물리학에 그다지 큰 업적을 달성해내지 못했던 이유는 그의 관심사가 물리에서 세계,

인간, 철학으로 옮겨졌기 때문이라고 나는 생각한다. 더불어 그가 뛰어난 과학자로 명성을 얻을 수 있었고, 탁월한 논문들을 발표할 수 있었던 이유가 그의 지능이나 재능 때문이 아니라 그가 가진 남다른 집중과 열정이라고 할 수 있다.

오랫동안 아인슈타인의 비서로 지냈던 헬렌 뒤카스(Helen Dukas)는 "아인슈타인은 만약 북극곰으로 태어났더라도 여전히 아인슈타인이 되었을 것이다."라고 말한 적이 있다. 나는 다른 분야에서도 아인슈타인의 천재성이 똑같이 발현되었으리라고는 조금도 생각하지 않는다. 20세기 초반에 발달한 이론 물리학은 그의 재능 그리고 한계를 지닌 사람이 천착하기에 가장 적합한 분야였다. 하지만 그가 음각가나 랍비 혹은 기술자가 되었어도, 항상 자신이 생각한 문제에 끈질기게 관심을 두는 모습과 삶의 다양한 영역들 간의 관계를 인식하고자 하는 열망이 나타났을 것이다.

헬렌 뒤카스의 말처럼, 설령 아인슈타인이 북극곰으로 태어났다 하더라도 그는 여전히 아인슈타인이 되었을 것이다. 그만큼 그의 열정과 관심은 남다르게 강렬했으며, 특정한 문제에 대한 집요한 탐구심이 그의 학문적 성취를 가능하게 했다.

그가 물리학에서 위대한 업적을 남길 수 있었던 이유는 그의 열정과 관심이 오롯이 물리학에 집중되었기 때문이다. 하지만 40대 이후 그의 관심이 여러 분야로 분산되면서 더 이상 젊은 시절과 같은 혁신적인 연구 결과를 내놓지 못했다. 이는 집중력이 흐트러질 때, 누구도 위대한 업적을 달성하기 어렵다는 점을 보여준다.

결국, 아인슈타인을 천재로 만든 가장 중요한 요인은 집중과 열정이었다. 이러한 요소는 그에게 1년에 25편 이상의 논문을 발표할 만큼 높은 생산성을 부여했으며, 그 중 세 편은 현대 물리학을 뒤흔든 획기적인 논문이었다.

"우리의 성공은 두뇌 덕분이 아니라, 발생한 문제를 해결하려고 끈기 있게 노력했기 때문이다."라고 그가 말한 것을 보아도 그가 얼마나 끈기 있게 노력한 인물인지를 알 수 있다. 그가 놀라운 발견을 하고, 위대한 업적을 달성해낼 수 있었던 단 한 가지 이유는 남들보다 백 배 더 생각하고 또 생각했기 때문이라고 할 수 있다. 그의 말이 그러한 사실을 잘 나타내준다.

"나는 몇 달, 몇 년 동안 생각하고 또 생각한다. 99번은 그릇된 결론을 얻는다. 100번째 이르러서야 옳은 결론에 도달한다."

모든 위대한 업적은 끈기 있게 한 걸음씩 나아가며 이루어지는 것이다. 우리가 아인슈타인이 되지 못하는 이유는 머리가 나쁘기 때문이 아니다. 사실, 아인슈타인의 지능지수는 우리가 생각하는 만큼 압도적으로 높지 않았다. 그럼에도 불구하고 그는 위대한 과학자로 역사에 남았다.

우리가 제2의 아인슈타인이 되지 못하는 이유는 한 가지 문제에 대해 몇 달, 몇 년이고 끊임없이 고민하고 탐구하지 않기 때문이다. 우리는 하나의 문제를 99번, 100번 이상 깊이 생각하는 대신, 너무 쉽게 포기한다. 결국, 아인슈타인을 위대한 과학자로 만든 것은 천재적인 머리가 아니라, 끝없는 끈기와 집요한 사고 과정이었다.

"99번 실패했지만, 100번째 시도에서 성공할 수 있었다."

우리 시대 최고의 과학자들이 강조하는 이 메시지는 위

대한 업적을 이루는 데 필요한 것은 타고난 재능이 아니라, 끝까지 해내는 힘이라는 사실을 시사한다. 우리가 배워야 할 것은 단순한 영리함이 아니라, 실패 속에서도 포기하지 않는 지속적인 노력과 집념이다.

"누구나 마음속에 생각의
보석을 지니고 있다.
다만 캐내지 않아 잠들어
있을 뿐이다."


- 이어령

# 4장
# 창조적 인물들의 시크릿 코드

# 볼프강 아마데우스 모차르트: 음악적 천재성의 성장 과정

모차르트가 비로소 걸작이라 불릴 만한 곡을 작곡하기 시작한 나이는 스물한 살이었다. 이는 그가 음악을 시작한 지 수십 년이 지난 후의 일이었다. 엄청난 양의 창작 활동을 통해 엄청난 연습과 훈련이 되어 감으로써 그의 음악적 재능도 그것에 비례하여 성장해 나갔던 것이라고 볼 수 있다. 그가 오랜 시간 동안 충분한 학습 과정을 거치고 나서 작곡한 곡들은 그의 대표곡들이 되었다.

뿐만 아니라, 모차르트가 천재적인 음악가로 도약할 수 있었던 이유는 철저한 환경과 훈련 덕분이었다. 그의 아버지 레오폴트는 모차르트가 세 살 때부터 하루 평균 3시간씩 음악 교육과 연습을 시켰다. 이는 당시 아이들이 받을 수 있는 교육 수준을 훨씬 뛰어넘는 강도였으며, 모차르트는 그 누구보다 일찍, 그리고 압도적인 양의 연습과 학습을 소화했다. 결국, 그가 남들보다 훨씬 더 많은 시간을 음악 공부와 작곡 훈련에 투자한 덕분에 천재적 역량을 발휘할 수 있었던 것이다.

이러한 사실은 그의 최대 걸작이라 평가받는 3개의 교향곡이 말년인 1788년에 모두 작곡되었다는 점에서도 드러난다. 그는 9세 때부터 교향곡을 작곡하기 시작하여 총 50여 곡을 남겼지만, 그의 최고의 대표작들은 모두 생애 후반부에 탄생했다. 이는 천재적 재능이 단숨에 발현된 것이 아니라, 오랜 시간의 축적과 끊임없는 연습을 통해 완성되었음을 보여준다.

1827년 빈 대학에서 법학 박사 학위를 받은 루트비히 폰 쾨헬(Ludwig von Köchel)은 다양한 학문과 지적 탐구에 관심을 가졌던 전형적인 학자였다. 그는 자유로운 연구자로서 평생 지적 활동을 멈추지 않았으며, 56세가 되던 해부터 본격적으로 모차르트의 작품 목록과 연구에 깊이 몰두하기 시작했다.

그 이전에도 모차르트의 작품을 연구한 학자들이 있었으나, 작품 목록 작업이 매우 불완전한 상태였다. 쾨헬은 이러한 한계를 극복하고자 학문적 치밀함과 철저한 서지학적 방법론을 적용하여 모차르트의 작품을 장르별로 체계적으로 분류했다. 또한, 각 작품이 탄생한 연대를 추정하여 일련번호를 부여함으로써, 모차르트의 음악을 연구하는 데 있어 획기적인 전기를 마련했다.

모차르트는 1784년 이후 약 8년간 작곡한 176개의 작품에는 스스로 번호를 매겼지만, 그 이전에 작곡한 450곡 이상의 작품에는 번호를 붙이지 않았다. 이로 인해, 그의 초기 작품들이 언제 만들어졌는지 정확히 알기 어려웠다. 이러한 불완전한 상태에서 쾨헬은 끈기 있는 연구와 분석을 통해 작품들의 연대를 가장 정확하게 추정하고, 그에 따라 일련번호를 부여했다.

그 결과, 우리는 쾨헬 번호(Köchel-Verzeichnis, K. 번호)를 통해 모차르트 작품이 언제 작곡되었는지를 손쉽게 알 수 있게 되었다. 쾨헬 번호는 오늘날까지 모차르트의 작품을 연구하고 악보를 정리하는 데 필수적인 기준으로 사용되며, 그의 대표적인 교향곡들 또한 쾨헬 번호를 통해 쉽게 구분할 수 있다.

그의 대표작품을 보면, 교향곡 제40번 g단조 K. 550, 교향곡 제41번 C장조 주피터 K. 551, 아이네 클라이네 나흐트 무지크 K. 525, 레퀴엠 d단조 K. 626, 피가로의 결혼 K. 492, 마술피리 K. 620, 돈 지오바니 K. 527, 피아노 협주곡 제20번 d단조 K. 466, 피아노 협주곡 제21번 C장조 K. 467, 봄노래(봄을 기다림) F장조, K. 596 등이 있는데 대부분 작품의 쾨헬 번호가 400에서 500 이후라는 사실을 알 수 있다. 이러한 사실이 말해주는 것은 모차르트 최고의 작품은 대부분 그가 400곡 이상의 작품들을 창작한 이후에 탄생되었다는 점이다. 결국 그의 업적은 그의 다산이 빚어낸 결과물인 셈이다.

꼭 들어봐야 할 모차르트의 작품이라고 누군가가 추천하는 경우를 살펴보면, 그 작품들의 쾨헬 번호만 봐도 쉽게 그 작품이 언제 만들어진 작품인지를 알 수 있는데, 그러한 작품들의 쾨헬 번호는 압도적으로 400에서 500번대가 주를 이룬다는 사실을 우리는 쉽게 발견할 수 있다. 믿기 어렵다면 모차르트 관련한 사이트나 음악 애호가들에게 물어보면 된다.

모차르트 대표작이나 모차르트 음악이라면 반드시 들어봐야 할 추천 곡을 10곡을 추천해 달라고 음악 전문가에게 말해보라. 그들이 추천해주는 곡 중 80~90% 이상이 400번에서 500번대 이후의 작품이라고 나는 장담할 수 있다.

모차르트는 자신이 천재가 아니고, 노력했던 인물이었다는 사실을 자신의 아버지에게 보내는 편지에서 다음과 같이 정확하게 표현하고 있다.

"그 누구도 나만큼 작곡을 위해 많은 구상을 하고 오랜 시간을 들이지 않을 것입니다."

그의 이 말 속에 그가 천재가 아닌, 엄청난 양의 시간과 노력과 연습과 훈련을 통해 만들어진 천재라는 사실에 대해 우리는 다시 한 번 확신할 수 있게 된다.

서문에서 말했듯이 그중에서 그에게 천재라는 명성을 안겨준 세계적인 수준의 걸작은 1%에 포함되는 6곡 정도다. 그리고 나머지 중 100여 편의 곡은 뛰어난 작품들이고, 그 덕에 지금까지도 우리가 그의 작품을 애청할 수 있다. 나머지 500여 곡은 평범한 곡이거나 형편없는 졸작이었다. 그래서 아무리 천재 모차르트가 작곡한 곡이라고 해도 우리가 즐겨 듣는 곡은 정해져 있다는 사실을 간과해서는 안 된다. 여기에도 80대 20 법칙이 존재한다고 할 수 있다.

모차르트를 대상으로 한 영화 중 〈아마데우스〉를 보면, 놀라운 재능을 지닌 천재 모차르트와 그의 재능을 시기하는 살리에리의 이야기가 펼쳐지는데, 그 도입부 오프닝 장면에 모차르트 교향곡 25번이 짧게 연주된다. 그 덕분에 이 곡은 유명세를 타기도 했다. 이 곡은 모차르트가 열일곱 살 나이에 작곡한 곡이다. 그리고 그가 첫 교향곡을 작곡한 것은 여덟 살 때이다. 하지만 다른 재능이 있는 음악가들에 비하면 빠르지도 늦지도 않은 수준이다. 요제프 하이든은 세 살 때 교향곡을 작곡했다. 모차르트가 교향곡을 작곡하기 시작한 후 10년 정도의 세월이 흐른 후에 어느 정도 수준 높은 곡이 하나 탄생 되었던 것이다.

음악에 어느 정도 재능이 있는 사람이라면 10년 정도 엄청난 양의 연습과 훈련, 노력을 한 후에 어느 정도의 도약을 맛보는 것은 당연한 일이다. 우리는 천재들에 대해 너무 천재성만 부각시킨 나머지, 천재들은 저절로 엄청난 작품들을 쉽게 노력도 하지 않고 창작할 수 있다고 생각한다. 천재니까 그렇게 해야 한다는 일종의 편견을 가지고 있다. 하지만 이 세상에 그 어떤 천재들도, 특히 음악가들은 엄청난 양의 훈련과 연습을 통해 재능이 차곡차곡 쌓여 간다는 사실을 알아야 할 것 같다.

모차르트의 초기 작품들이 우리가 생각하는 것만큼, 그리고 모차르트의 천재성만 너무 부각시키는 수많은 책과는 달리, 평균적인 수준이었거나 약간의 재능은 보였지만, 비범한 수준은 아니라는 사실에 대해 새롭게 주장하는 학자들이 최근 들어 부쩍 많아졌다는 사실은 천재에 대한 선입관을 바꿀 수 있는 좋은 계기가 되었다.

앞서 소개한 『우리 안의 천재성』이라는 책에서 저자 데이비드 솅크가 모차르트에 대해 언급한 부분을 살펴보면 확실하게 천재는 타고나는 것이 아니라는 사실에 무게를

실을 수 있을 것이다.

매우 어린 나이에 작곡을 시도한 것은 대단하지만 어린 아마데우스(모차르트)가 발표한 초기 작품들은 전혀 비범하지 않았다. 사실상, 그의 초기 작품은 단지 다른 유명 작곡가들의 모사에 불과했다. 11세부터 16세까지 작곡한 초기 일곱 개의 피아노 콘체르토 작품들은 "독창성이 거의 없고, 심지어 모차르트가 썼다고 하기도 민망하다."라고 템플 대학의 로버트 와이즈버그는 말했다. 본질적으로 모차르트는 피아노와 다른 악기로 연주하기 위해 다른 이들의 작품을 편곡한 것에 불과하다.

그의 말대로 모차르트는 어렸을 때부터 천재성을 보여준 음악 신동이 아니라는 것에 이제 많은 사람이 깨닫기 시작했다. 초기에 모차르트가 발표한 초기 작품들은 전혀 비범하지 않았을 뿐만 아니라 심지어 다른 유명 작곡가들의 작품을 모사한 것에 불과한 작품들이 많았다. 더욱더 심한 것은 모차르트가 썼다고 하기에도 민망할 정도의 작품들도 있었다는 것이다. 이러한 사실들은 그가 절대 음악 신동이 아니었음을 잘 말해주고 있다.

그의 책의 진가는 '천재는 태어난다'는 그릇된 통념을 가장 쉽고 효과적으로 타파할 수 있게 우리를 이끌어준다는 점이다. 세계적인 야구 선수든, 세계적인 음악가든 모두 엄청난 양의 훈련과 창작 활동을 통해 천재로 도약한다는 사실을 그는 잘 말해주고 있다. 이러한 사실을 잘 말해주는 또 다른 주장을 우리는 찾을 수 있다.

〈돈 조반니〉 같은 걸작을 작곡한다는 것은 엄청난 창의력이 아니면 불가능하다. 모차르트 능력의 원천은 단지 신이 내린 듯한 유전자 때문이 아니라 조바심 내지 않고 끝임없이 노력하면서 오랜 시간 동안 피나는 연습을 했음으로써 이루어졌다는 것이다. 그의 아버지는 그에게 악기 연습을 정말 많은 시간 동안 시켰다.

**모차르트의 능력이 대부분의 일반인보다 월등히 뛰어나다는 사실은 논쟁할 필요도 없습니다. 하지만 간과할 수 없는 것은 그가 다른 사람과 다르게 태어났다고, 원칙적으로 다른 부류라고 선을 그어 놓고 그가 노력도 없이 원래부터 천재라고 생각하는 인식은 어리석다는 겁니다.**

이처럼 모차르트 역시 우리와 원칙적으로 다른 부류는 아니다. 모차르트, 그의 말대로 자기 자신만큼 많은 시간을 들여 곡을 구상하고, 오랜 시간을 들이는 사람은 없을 것이다. 그만큼 그의 뛰어난 작품들을 탄생시킨 것은 그의 재능이 아니라, 그가 들인 엄청난 노력과 시간일 것이다.

# 빈센트 반 고흐:

# 고통과 집념이 남긴 불멸의 유산

고흐에 관한 수많은 전기와 기록을 살펴보아도, 그가 열여섯 살 이전까지 예술적 재능이나 천재성을 보였다는 증거는 어디에서도 찾아볼 수 없다. 그의 가족조차도 그가 미술과 예술에 무능하다고 여기며 기대를 접었을 정도였다. 실제로, 그가 스물일곱 살에 미술을 하겠다고 선언했을 때, 가족들은 냉담한 반응을 보였다. 아무도 그의 예술적 재능에 대해 희망을 품지 않았고, 성공할 가능성조차 없다고 여겼던 것이다.

　그러나 다행스럽게도, 개신교 목사였던 그의 아버지는 그를 화랑에서 교육받도록 했다. 이 계기로 인해 고흐는 거장들의 작품을 접할 수 있는 기회를 얻게 되었다. 매일 가까이에서 명화들을 접하는 경험은 그에게 최고의 훈련이 되었고, 이는 후에 그의 예술적 감각을 형성하는 데 중요한 역할을 했다. 그러나 그의 아버지가 원했던 것은 화가가 아니라, 미술품 거래상이 되는 것이었다. 화랑에서의 교육은 철저히 상업적 목적을 위한 것이었으며, 고흐에게는 크나큰 고통이었다. 결국 그는 이 과정에서 흥미를 잃고 오랫동안 버티지 못한 채 떠나게 된다. 이후, 그는 자신의 삶에서 의미 있는 길이 종교라고 생각하며 신학 대학에 입학하여 목사가 되고자 했다.

단기 목회자 양성 과정을 수료한 후, 고흐는 벨기에 남부의 광산 지역에서 선교사로 활동하며 광부들에게 성경을 가르치고 어려운 주민들을 돕는 일에 헌신했다. 하지만 그의 삶은 여전히 방황 속에 있었고, 결국 그는 여러 분야의 직업을 전전하다가 마침내 화가가 되기로 결심한다.

1881년, 스물일곱 살이 된 그는 본격적으로 화가의 길을 걷기 시작했다. 처음 그가 한 일은 모작(模作)을 통해 그림을 연습하는 것이었다. 그는 엄청난 양의 모작을 하면서 기초를 다졌고, 이를 통해 자신의 예술적 감각을 연마했다. 그의 초기 작품을 보면, 이 시기의 연습과 훈련이 얼마나 치열했는지를 쉽게 짐작할 수 있다.

화가로서의 첫걸음을 내디딘 그는 렘브란트(Rembrandt), 들라크루아(Delacroix), 밀레(Millet) 등 위대한 거장들의 작품을 모작하며 기량을 키워 나갔다. 그러나 그의 경제적 상황으로 인해 원본을 직접 볼 수 없었고, 책과 판화로만 작품을 접해야 했다. 반복되는 모방 작업은 지루하고 회의적일 수도 있었지만, 이 과정에서 그는 예술적 전환점을 맞이하게 된다.

우베 슈네데(Hamburg Kunsthalle의 관장)는 고흐의 자서전을 인용하며, 그가 모작을 하면서 단순한 모방이 아니라 '현실을 투시하는 힘'을 기르게 되었다고 분석했다. 결국, 끊임없는 연습과 반복된 시도가 그를 예술적 도약으로 이끌었으며, 이후 그만의 독창적인 화풍을 만들어가는 결정적인 계기가 되었다.

이 대목에서 우리는 천재 화가 고흐 역시 처음에는 다른 거장들의 작품들을 모방하는 작업을 엄청나게 했다는 사실을 알 수 있다. 참을 수 없을 만큼 지루해지고, 회의가 느껴질 정도로 많이 했을 것이다. 천 리 길도 한 걸음부터이듯, 로마도 하루아침에 만들어지지 않았듯, 거장 빈센트 반 고흐도 처음에는 엄청난 양의 모작을 통해 기초와 기본을 튼튼하게 쌓아갔다.

'바다를 만들고 싶은 사람은 냇물부터 만들어야 한다.'
탈무드에 나오는 속담이다. 처음부터 바다를 만들고자 하는 사람은 반드시 실패하게 되어 있다. 냇물부터 하나씩 만들어 가다 보면, 그것이 모여 바다가 되는 것이다. 실력이나 재능도 마찬가지이다. 천재로 도약할 만큼 놀라운 재능은 모작이나 모방 작업과 같은 보잘것없는 훈련이 수천 번이 모여 이루어지는 것이다.

모차르트가 초기에 다른 작가들의 작품들을 수도 없이 베끼면서, 자신의 실력을 향상시켜 나갔듯이 빈센트 반 고흐 역시 그러한 단계를 하나씩 밟아 나갔다는 사실을 통해 우리는 어떤 분야에 도전하여 시작을 한다 해도 기본이 가장 중요하다는 사실을 배울 수 있다. 천재 화가 빈센트 반 고흐의 처음 시작은 다른 모든 이들처럼, 아니 오히려 어느 정도 재능이 있는 사람들보다 훨씬 못 한 수준이었음을 우리는 이 대목에서 알 수 있다.

고흐는 미술 작품 안에서 세상을 보고 그림에 담았다. 협곡은 뒤러(Durer)의 작품에서처럼, 네덜란드의 풍경은 코로(Corot, 프랑스 화가)나 반호이언(van Goyen, 네덜란드 화가)과 같게 그렸고, 아는 여인의 자살 시도를 통해 그는 플로베르(Flaubert)의 소설 『마담 보바리』의 모습을 보았다.

처음 시작한 작품들은 매끄럽지 않았다고 주변 친구들은 당시 반응을 말한 적이 있다. 한 화가는 고흐의 작품 〈씨 뿌리는 남자〉에 대해 이렇게 혹평을 했다.

"이 작품은 씨 뿌리는 남자에 관한 것이 아니라 한 남자가 씨 뿌리는 사람의 역할로 서 있는 모델 같은 작품이다."

초기의 빈센트 반 고흐는 지금 우리가 알고 있는 천재적인 화가의 모습과는 거리가 멀었다. 그의 초기 작품들은 평균 이하의 수준이었으며, 비범한 재능을 찾기 어려웠다. 심지어 그는 다른 화가들의 작품에서 요소들을 가져와 자신의 그림에 도용하고 활용하기도 했다. 창의성이 전혀 발휘되지 않은 시기였다. 그러나 고흐는 포기하지 않았다. 그는 독학을 통해 미술을 배워 나갔고, 끝없는 연습과 탐구를 멈추지 않았다.

그가 미술을 공부하는 방식은 옛 거장들의 작품을 모사하거나, 미술 교본을 보고 스케치하는 법을 그대로 따라 하는 것이었다. 그는 이를 반복하며 기초를 다졌고, 시간이 지나면서 조금씩 자신의 스타일을 발전시켜 나갔다. 배움의 과정은 그 후에도 계속되었다. 그는 화가 안톤 마우브(Anton Mauve)에게서 수채화와 유화 기법을 배웠으며, 1885년에는 벨기에의 항구 도시 안트베르펜(Antwerpen)에서 미술 공부를 이어갔다. 그의 초기 화가로서의 삶은 오로지 배움과 연습, 그리고 모사 작업으로 가득 차 있었다.

그러나 그는 단순한 모방에 머물지 않았다. 화가로서의 길을 걷기로 결심한 순간부터 그는 누구보다 치열하게, 고독 속에서 배움과 연습을 이어갔다. 우리가 알고 있는 그의 대표작들은 대부분 그가 권총 자살을 하기 직전 3년 동안, 즉 1888년에서 1890년 사이에 탄생했다. 이는 그가 7년간의 혹독한 독학과 모사, 끝없는 연습을 통해 점진적으로 성장했으며, 마침내 천재적인 도약을 이루었음을 보여준다. 결국, 고흐의 예술적 성취는 단순한 타고난 재능이 아니라, 끊임없는 노력과 집념, 그리고 불굴의 의지 속에서 탄생한 것이었다.

고흐는 문학과 예술사에 조예가 깊었지만 그림은 거의 독학한 화가였다. 초기 작품들을 보면 천부적인 재능을 타고난 화가라고 단언하기는 어렵다. 말년에 왕성한 창작력을 과시하며 완성한 여러 유명한 작품들 역시 앞서 치러야 했던 노력과 투쟁의 맥락에서 가장 잘 이해된다. 그의 편지에서 드러나는 지루하리만큼 상세한 묘사는 인물 제작이나 원근법 같은 기술적인 문제를 두고 그가 얼마나 고심했는지를 잘 보여준다.

이 대목에서 알 수 있듯이 고흐는 천부적인 재능을 타고난 화가는 절대 아니었다.

물론 그도 힘겨운 순간이 있었고, 그것을 또한 잘 이겨냈음을 알 수 있다. 물론 자신의 귀를 자르고, 자살로 생을 마감한 것은 그가 겪어야 했고, 이겨내고, 싸워야 했던 정신 질환이라고 할 수 있을 것이다.

"나의 기력이 회복되고 있다고 느낀 것은 바로 그 비참한 상황에서였다. 그때 나는 다짐했다. '무슨 일이 있어도 다시 일어서리라.' 깊은 실의 속에서, 놓쳤던 연필을 주워 들고 다시 소묘를 시작하기로 했다. 그때부터 모든 것이 변한 것 같다. 내가 시작하자 왠지 연필이 전보다 고분고분해지는 것 같았고, 더구나 날이 갈수록 더 그렇게 되어갔다."

동생 테오에게 부친 편지에서 그의 심정을 잘 알 수 있다.

놀라운 사실은 제대로 된 전문적인 교육을 받은 적이 없이 어설프게 시작한 미술 분야에서 그가 10년도 채 안 되는 짧은 예술가로의 기간에 무려 2,000점 이상의 작품을 남겼다는 점이다. 900여 점의 페인팅과 1,100여 점의 드로잉과 스케치 등 총 2,000여 점의 작품을 10년도 안 되는 짧은 기간에 남길 만큼 그는 폭발적인 창작 활동을 했다. 그중에서도 그의 다작의 시기는 후기 3~5년 정도에 집중되어 있다는 사실 또한 매우 놀라운 사실이다. 그리고 더욱더 중요한 사실은 그의 생애 동안에는 아무도 그의 작품을 인정해주지 않았다는 점이다. 그 결과 그의 그림은 도저히 팔리 만한 물건이 되지 못했다는 것이 당시 그의 작품들의 수준이었다. 하지만 단 한 사람 반 고희의 동생 테오는 그의 형을 믿어주었고(그 역시 형의 예술성을 믿어준 것이 아니라, 책임감이 강하고, 성실하다는 점을 믿어주었다고 볼 수 있다), 경제적으로도 많은 도움을 주었다. 만약에 반 고흐에게 동생의 정신적, 경제적인 도움이 없었다면 지금 우리가 감상할 수 있는 그의 위대한 작품들은 존재하지 않았을 수도 있었을 것이다.

아무런 인정도 받지 못한 채 수천 점의 작품을 쏟아 낼 수 있는 화가의 열정과 몰입, 생산성이 그로 하여금 위대한 천재 작가로 탄생하게 했던 것이다. 경매에서 최고의 가격으로 팔리는 고흐의 작품들은 그가 남긴 2,000점의 작품들 전부는 아니라는 점을 알아야 한다. 그 작품의

1%인 20점 정도가 세계 최고의 수준이며, 엄청난 가격으로 팔리고 있다. 물론 세계 최고의 수준이 아닌 그 외의 작품들조차 화가의 유명세 때문에 덩달아 고가에 팔리는 것은 어쩔 수 없는 현실임을 우리는 알아야 한다.

누구나 아는 유명한 그의 작품으로는 〈해바라기〉, 〈별이 빛나는 밤〉, 〈마담 기누〉, 〈아를의 침실〉, 〈의자〉, 〈페레 탕기의 초상화〉, 〈자화상〉, 〈노란 집〉, 〈아를의 붉은 포도밭〉, 〈오베르의 교회〉, 〈아를의 랑글루아 다리〉, 〈라크로의 추수〉, 〈카페 테라스〉, 〈아를의 무도회장〉 등이 있다.

빈센트 반 고흐가 천재적인 화가로 남을 수 있었던 이유는 타고난 재능이 아니라, 압도적인 창작 활동과 끊임없는 노력에 있었다. 평범한 화가들이 도저히 따라갈 수 없었던 그의 '폭발적인 생산량'이야말로 그를 위대한 예술가로 만든 결정적인 요인이었다.

그는 단 10년 동안 2,000여 점의 작품을 그렸다. 그리고 그가 붓을 들면 들수록, 그의 예술적 감각과 기량은 더욱 정교해졌다. 그 결과, 오늘날 세계적인 걸작으로 평가받는 작품들 대부분이 그의 생애 마지막 2년 동안 탄생했다는 사실은, 1%의 법칙이 결코 허투루 하는 말이 아님을 증명한다.

반 고흐는 "화가는 구두 수선공만큼 공들여 작업해야 한다."라고 말하며, 농부들이 밭을 갈 듯이 캔버스를 일구어야 한다고 덧붙였다. 그의 그림들은 생전에는 외면받았지만, 이제는 값을 매길 수 없을 정도로 평가받고 있다.

그는 750통이 넘는 편지를 남기며, 동시에 수천 점의 작품을 끊임없이 창작했다. 그의 〈해바라기〉(1888)는 오늘날 미술사상 가장 인기 있는 정물화 중 하나로 남아 있으며, 그 가치는 단순한 예술적 아름다움을 넘어 그의 열정과 헌신, 그리고 끝없는 노력이 깃든 결과물이라는 점에서 더욱 특별하다.

그는 동생 테오에게 보낸 편지에서 자신이 얼마나 자연과 예술을 사랑했는지를 이렇게 표현했다.

"미치고 정신이 나갔어도, 여전히 자연을 사랑하는 사람들이 있다. 바로 화가들이다."

반 고흐의 삶을 통해 우리는 다시 한번 깨닫는다. 천재는 타고나는 것이 아니라, 오직 치열한 노력과 헌신 속에서 만들어진다. 그의 끝없는 열정과 창작에 대한 집념에 감사를 전하며, 그의 삶이 우리에게 전하는 메시지를 되새겨야 할 것이다.

# 파블로 피카소:

# 예술 혁명의 아이콘,

# 신동에서 거장으로

어린 시절부터 신동이라 불렸으며, 나이가 들어서는 거장의 반열에 오른 인물을 손꼽는다면, 나는 가장 먼저 파블로 피카소를 떠올린다. 그는 1881년, 아틀라스 산맥이 보이는 스페인의 말라가에서 태어났다. 피카소는 평범한 미술 교사의 아들로 태어났지만, 남다른 재능을 보이며 어린 시절부터 비범한 예술적 감각을 드러냈다.

그가 그림을 그리기 시작한 것은 말문이 트이기 시작할 무렵이었다. 놀랍게도, 그가 처음 내뱉은 단어는 스페인어로 '연필'을 뜻하는 말이었다고 전해진다. 이는 그가 얼마나 어린 나이부터 그림과 친숙했으며, 미술에 대한 감각이 남달랐는지를 보여주는 흥미로운 일화다. 피카소는 열 살까지 말라가에서 성장했으며, 이후 가족과 함께 북대서양 해변에 위치한 코루냐(Coruña)로 이사했다.

피카소를 '신동'이라 부르는 이유와 근거는, 모차르트를 신동이라 부르는 것과 동일한 수준에서 설명될 수 있다. 여러 연구와 전기에서 그가 어린 시절부터 비범한 재능을 보였으며, 전통적인 미술 교육을 훨씬 앞서갔다. 이러한 주장을 뒷받침하는 논거는 존 버거의 저서 『피카소의 성공과 실패』에서도 확인할 수 있다.

피카소는 말을 하기도 전에 그림을 그릴 수 있었다. 열 살 때 석고상을 보고 그린 그림은 시골 미술교사인 아버지의 솜씨 못지않았다. 열네 살도 안 된 아들의 솜씨가 자신을 능가하자 아버지는 팔레트와 붓을 물려주고, 다시는 그림을 그리지 않겠다고 맹세했다. 피카소는 정확하게 열네 살이 되자 바르셀로나 미술학교 상급반 입학시험을 쳤다. 필요한 그림을 완성하는 데 보통 한 달 여유를 주었다. 피카소는 그 모든 것을 단 하루 만에 마쳤다. 열여섯 살 때 그는 마드리드 왕립 아카데미에 장학생으로 입학하여, 더 이상 그가 치러야 할 시험이 없게 되었다. 어린 소년에 불과한데도 그는 아버지의 교사 제복을 물려받고 조국이 마련한 모든 교육기회를 마쳤다.

이 부분만을 읽어 보면, 피카소가 대단한 신동이라고 자칫 생각할 수 있다. 열네 살도 안 된 아들의 솜씨가 평생 그림을 그린 아버지의 실력을 능가하고, 미술학교 상급반 입학시험과 필요한 그림을 그리는 데, 보통 한 달의 시간이 필요한데, 그것을 단 하루 만에 모두 마치기도 했고, 더는 치러야 할 시험이 없게 되기도 했기 때문이다. 하지만 어느 정도의 재능은 어릴 때부터 드러났지만, 그것이 곧 그가 엄청난 실력을 갖춘 비범한 존재라는 말은 절대 아님을 우리는 연이어서 나오는 내용에서 확실하게 살펴볼 수 있다.

> 시각예술에서 신동은 음악의 경우보다 훨씬 드물다. 그리고 어떤 의미에서는 진실하지 못하다. 소년 모차르트는 아마도 당시 생존한 누구 못지않게 연주했으리라. 하지만 열여섯 살의 피카소는 드가(Edgar Degas)처럼 그린 것은 '아니었다'.

피카소가 그림을 잘 그렸고, 재능이 있는 아이라는 점은 확실한 사실이지만, 그렇다고 해서 신동이라고 할 정도로, 비범하지는 않고, 어느 정도 한계가 있었다는 사실도 더불어 알 수 있다. 그가 이렇게 재능을 보인 이유는 그가 태어나자마자 접할 수 있었던 예술적인 집안 환경 때문이었을 것이다.

만약에 피카소가 아기였을 때, 그림을 그리고 연필을 뜻하는 말을 처음으로 내뱉을 수 있을 만큼의 그림 그리기에 좋은 환경에서 자라지 않고, 전혀 다른 환경에서 자랐다면 어떻게 되었을까? 지금 우리가 감탄하고 있는 천재 화가 피카소가 존재하지 않았을 수도 있다. 미술 교사의 아들로 태어나 말문이 트일 무렵부터 미술 교사인 부모 옆에서 그림을 손쉽게 그릴 수 있었고, 태어나자마자 매일 같이 눈으로 본 것은 그림을 그리고 있는 부모의 모습으로 말미암아 갓난아기인 피카소에게 그림 그리기가 바로 숨을 쉬는 것과 같은 자연스러운 삶의 모습으로 인식되었을 것이다. 그 덕분에 그의 그림 그리기에 대한 훈련과 연습, 배움은 다른 친구들이 시작도 하지 못했을 어린 나이에 이미 상당한 양을 축적해 놓았다는 점을 알 수 있다.

타이거 우즈가 어린 시절 골프를 치는 아빠의 모습을 보고 장난감 골프채를 휘두르며 컸다는 사실과 피카소가 태어나자마자 그림을 그리는 부모의 모습을 보고 자연스럽게 그림을 그리기 시작했다는 사실은 모든 천재가 알게 모르게 어린 시절부터 자신의 천재성이 나타날 분야에 노출되었다는 점과 매일 눈으로 보면서 일찍부터 그 분야에 발을 들여 놓게 됨으로써 알게 모르게 의식과 무의식의 경계에서 연습과 훈련을 했다는 점을 알 수 있다. 이런 점에서 타이거 우즈에게 골프를 치는 아빠가 없어서 골프라는 것이 무엇인지 일찍 알지 못했다면, 그리고 골프 스윙을 하는 사람을 그가 크게 성장할 때까지 한 번도 보지 못하고 자라게 되었다면, 지금의 타이거 우즈는 탄생하지 못했을 것이다.

그뿐 아니라 파블로 피카소 역시 태어나자마자 매일 그림을 그리는 부모를 보면서 자라지 않았다면 지금의 피카소는 탄생하지 않았을 것이다. 그뿐 아니라 천재 피카소 역시 우리가 생각하는 그런 신동이 아닐 수 있다는 사실에 대해 잘 말해주는 증거가 있다.

우리는 흔히 피카소가 타고난 재능 덕분에 힘들이지 않고 다른 화가들의 실력을 뛰어넘었을 것이라 생각한다. 하지만 이는 단순한 통념에 불과하다. 피카소 역시 위대한 화가가 되기 위해 남다른 노력과 끊임없는 연습을 거듭해야 했다.

특히 그가 왕립미술학교에 입학하던 시기부터 오랜 시간 동안 좌절을 겪었으며, 초기 작품들의 수준이 기대에 미치지 못했다는 기록들을 쉽게 찾아볼 수 있다. 피카소의 성장 과정에서 그의 작품이 일정 수준에 도달하기까지 오랜 시간이 걸렸으며, 그 과정에서 겪었던 시행착오와 노력은 종종 간과된다.

하워드 가드너의 『열정과 기질』, 그리고 마틴 벤담의

『30분에 읽는 피카소』에서도 그가 단순한 천재가 아니라, 치열한 노력 끝에 예술적 경지에 도달했음을 보여주는 사례들이 다수 등장한다. 결국, 피카소 역시 위대한 예술가가 되기 위해 끝없는 탐구와 수련을 이어간 예술가였음을 우리는 잊지 말아야 한다.

흔히들 피카소는 힘들이지 않고 주변의 다른 화가들을 능가한 그림 신동이었다고 얘기한다. 최근에 예리한 통찰력을 지닌 피카소의 전기 작가 존 리처드슨(John Richardson)은 이런 통념을 공박했다. 그는 피카소가 일찍부터 남다른 재능을 보인 사실은 인정했지만 비범한 수준은 아니었다고 느꼈고, 화가로서 성공하기 위해 많이 노력해야 했다는 사실을 강조했다. 리처드슨은"피카소가 모차르트와 같은 몇몇 작곡가들과 달리, 위대한 화가들은 사춘기 이전에 진지한 주목에 부응하는 작품을 내놓지 못했다는 규칙에 그대로 해당되는 듯하다."고 보았다. 그는 또한 학교 공부는 서툴렀지만 일찍이 그림에 두각을 보였다는 피카소에 관한 신화에도 의문을 제기했다. 피카소 자신과 그의 성인전(聖人傳) 작가들이 어린 천재를 부당할 정도로 추켜세우며 영웅적인 언어로 묘사하려는 강박증을 보였다는 것이다.

(하워드 가드너, 『열정과 기질』)

이 시기(왕립 미술학교를 다닌 시기)의 작품은 훗날의 작품들보다 힘이나 기교면에서 현저히 떨어진다. 오히려 퇴보하여 잠재적인 희망으로 가득했던 그전의 명백한 힘을 잃어버린 것처럼 보인다. … 이 시기 동안 제작된 피카소의 작품은 무덤덤해 보이고 그는 비참한 상황에 빠져 있었지만, 마드리드 시절이 전혀 무익하거나 무의미했던 것은 아니다. 마드리드에서 지내는 동안 피카소는 프라도를 방문하여 스페인 미술의 위대한 걸작들과 벨라스케스, 엘 그레코를 전보다 더 면밀히 연구할 수 있었다. 그러나 그 결과로 나온 작품들은 조악했고, 소묘는 힘이 없고 사실적이지 않으며, 바르셀로나나 코루냐에서의 작품들보다 못했다.

(마틴 벤담, 『30분에 읽는 피카소』)

이 문장들을 볼 때, 피카소는 우리가 생각하는 것처럼 타고난 신동도 아니었고, 처음부터 비범한 수준의 화가는 아니었다는 점을 확실하게 알 수 있다. 피카소 역시 화가로서 성공하기 위해서는 많은 노력을 해야 한다는 사실에 우리는 주목해야 한다. 그가 태어나자마자 그림을 그리는 부모를 매일 보면서 자랄 수 있었던 환경, 그가 자연스럽게 말문을 틀 무렵부터 그림을 그리고 눈으로 그것을 익힐 수 있을 만큼의 환경 속에서 자랐다는 점과 그로 말미암아 재능은 자연스럽게 길러질 수 있었다는 점을 고려해볼 때, 그 역시 처음부터 타고난 천재가 아니라, 환경과 자신의 노력을 통해 만들어진 천재 중 한 명이라는 사실에 더 무게가 실릴 수 있다는 점이다.

이러한 사실을 더욱 확고하게 해주는 그의 말을 들어보자. 사진작가 기울라 할라스와의 대담에서 그가 직접 한 말이다.

음악과 달리, 회화 분야의 신동은 없습니다. 어린 천재란 그저 유년기의 천재일 뿐이지요. 나이가 좀 더 들면 아무 흔적도 남기지 않고 사라집니다. 그런 아이도 미술가가 될 수는 있지만, 처음부터 다시 시작해야 합니다. 가령 나는 천재가 아니었습니다. 내가 처음 그린 그림은 아동 전시회에서도 걸리지 못했어요. 아이다운 천진성이나 소박함이 없었던 거지요. … 어린 시절에 나는 그저 아카데미 화풍에 따라 그림을 그렸는데, 지금 보면 충격을 받을 정도로 거의 똑같이 베끼다시피 했더군요.

(하워드 가드너, 『열정과 기질』)

그의 말을 빌리자면, 그는 자기 자신이 천재가 아니었다고 말한다. 음악과 달리 회화 분야에서는 신동이 없다고 말하고 있다. 하지만 회화 분야에서 어릴 적 놀라운 작품을 그려서 세간의 이목을 집중시키는 신동은 많다. 그 증거로 역사상 가장 놀라운 재능을 발휘하여 우리를 놀라게 하는 미술 신동으로 중국의 여자아이 왕야니와 영국의 나디아 등이 있다.

왕야니는 다섯 살의 나이에 세상 사람들을 놀라게 할 만큼의 뛰어난 감각으로 원숭이 패널화를 그렸고, 그 후로 3년 만에 무려 4,000점의 그림을 그렸다. 나디아 역시 다섯 살 때 르네상스 시대 거장의 작품과 같은 수준의 입체화를 그려 세상을 놀라게 했다. 이런 진짜 신동에 비하면 피카소는 진짜로 신동이라고 할 수 없을 정도로 그의 재능은 당시 보잘것없었고, 비범하지도 않았다는 사실을 우리는 인정해야 한다.

이런 이야기가 피카소의 명성을 조금이라도 폄훼하기 위해서 하는 것이라고 절대 오해해서는 안 된다. 비범하지 않았던 피카소가 거장이 되었다는 사실은 그를 더욱 더 인간적인 인물로 만들고, 위대한 인간으로 높게 평가 하게 해줄 것이다. 오히려 피카소를 그릇된 천재성만을 크게 부각하여 우리와 다른 이질적인 천재라고 추앙하는 것은 그도 원하지 않을 것이다.

그렇다면 이렇게 비범하지도 않고, 뛰어난 재능을 보여 주는 진짜 신동들보다 못했던 피카소가 어떻게 거장이 될 수 있었던 것일까? 그것은 바로 그가 어릴 적부터 몸에 익히게 된 특별한 습관과 남들이 갖지 못하는 특별하고도 담대한 목표에 도전했기 때문이다.

그가 어릴 적부터 몸에 익히게 된 특별한 습관은 9세 때부터 시작하여 10년 넘게 다른 사람의 그림을 따라 그리는 습관이었다. 모든 거장이 다 그렇듯 그도 처음에는 타인의 그림을 베끼며 모사하는 것을 통해 자신의 실력을 향상시켜 나갔던 것이다.

그 특별하고도 담대한 목표는 화폭에 담아내기 불가능한 것들을 화폭에 담아내려는 것이었다. 그래서 그는 그런 목표를 세우고 그것에 담대하게 도전을 끊임없이 해나갔던 것이다. 그러한 도전과 노력을 통해 그는 거장이 될 수 있었던 것이다. 그가 평생에 걸쳐 성장과 발전이 지속적으로 가능했던 점을 하워드 가드너는 『열정과 기질』에서 다음과 같이 표현했다.

> 피카소의 혼란스러운 사생활과 지속적인 예술적 다산성(多産性)의 관계는 논평할 만한 가치가 있다. 피카소의 삶은 끊임없이 새로운 가정과 연인, 아이들 그리고 여름 휴양지를 찾는 과정이면서 동시에 꾸준하게 새로운 양식과 대표작을 추구하는 과정이었다. 게다가 게도 같은 이들은 연인들이 피카소로 하여금 신선한 예술적 실험에 나서게끔 자극한 촉매 역할을 했다고 주장하기도 했다. 비록 피카소의 개인적인 삶에서 일어난 굵직한 사건들과 화가로서의 성장 단계가 일대일 대응 관계로 맺어진다는 주장에는 누구나 저항감이 들겠지만, 어떤 의미에서 피카소는 난마(亂麻)처럼 뒤얽힌 복잡성과 날카로운 단절로 점철된 삶에서 오히려 기운을 얻고 역량을 발휘할 수 있었다. 평생에 걸쳐 성장과 발전이 가능한 분야에서 활동했기에 피카소는 새롭고 신선한 경험과 예술적 자극을 얻을 수 있었고, 스스로 몰입할 수 있는 경험을 통해 끊임없이 앞으로 나아갈 수 있었다.

그의 말대로 평생에 걸쳐 그가 성장하고 발전할 수 있는 환경에서 살았다는 것은 그에게 예술적인 측면에서 축복이 아닐 수 없다. 아무리 재능이 뛰어나다고 해도 제대로 평생 성장과 발전을 거듭하지 못하게 되면, 그 어떤 업적도 달성할 수 없다는 사실을 우리는 타고난 신동들의 사례를 통해 앞에서 살펴본 적이 있다. 피카소는 별로 큰 비범함이 없었지만, 평생 스스로 몰입할 수 있는 경험을 통해 끊임없이 앞으로 나아간 경우다.

피카소도, 그가 타고난 신동이 아니라, 어느 정도의 재능을 보이는 수많은 아이에 불과했지만, 그는 독학과 사숙(私淑)을 통해 자신의 재능을 끌어 올렸다는 사실을 우리는 이미 앞에서 잠깐 언급한 적이 있다. 하지만 어느 정도의 재능을 보이는 수많은 아이 중 거장으로 성장하고 발전하여 피카소처럼 인류사에 큰 업적을 남길 정도의 거장으로 성장하는 경우는 매우 희박하다고 할 수 있다. 그 이유는 무엇일까? 누구나 어느 정도는 노력하고, 연습하고, 훈련한다는 데에 이의를 제기할 수는 없다. 바로 이런 점에서 우리는 쉽게 그것을 재능이라는 단어에 결정권을 넘겨주곤 한다. 하지만 그것을 결정하는 것은 재능이 아니라 남다른 열정과 기질이며, 그 기질을 구체적으로 말하자면 남과 다른 도전이라고 할 수 있다.

바르셀로나 체류 기간에 피카소의 천부적인 재능은 틀이 잡히고 더욱 깊어졌다. 한편으로 그는 독학을 통해 인상주의와 결부된 새로운 사조나 툴루즈 로트레크 화풍의 카바레 미술뿐만 아니라, 프란시스코 호세 데 고야, 디에고 벨라스케스, 프란시스코 데 주르바란과 같은 옛 거장들의 작품을 사숙했다. 동시에 그는 경박하고 피상적인 표현 방식을 넘어서, 선원과 부두 노동자들의 내면 심리와 자연 풍경이나 거리 풍경의 저변에 흐르는 감정을 탐구했으며, 가족들의 삶이나 밤의 거리에서 명백히 드러나는 사람들의 갈등과 긴장을 진지하게 들여다보았다. 그는 고통과 빈곤의 세계로 들어가고자 했다. 벌거벗은 무희들의 현란한 환영에 사로잡혀, 자기 방으로 돌아와서는 밤을 새우며 그녀의 정조와 자세를 화폭에 담으려고 노력했다. 이제 그는 좀 더 대담하고 강렬한 필치로 성과 죽음, 무질서를 다룰 수 있었다.

이 대목에서 피카소는 다른 재능 있는 화가들이 그저 아름다운 자연과 모습을 화폭에 담으려고 노력한 것과는 다르게, 벌거벗은 무희들의 정조와 자세를 화폭에 담으려고 밤을 새우며 노력했다는 대목을 발견할 수 있다. 특히 그는 성과 죽음, 무질서라는 다소 난감한 주제들을 화폭에 담고, 다루기 위해 매진했음을 알 수 있다. 이러한 남다른 노력으로 그는 다른 작가들과 전혀 다른 새로운 화풍을 창조하게 되었고, 입체파의 선구자가 될 수 있었던 것이다.

남들이 목표로 잡지 못할 정도로 높은 수준의 경지를 과감하고 대담하게 목표로 잡는다는 점에서 천재들의 남다름이 숨어 있다. 이것이 바로 천재의 기질이다. 이러한 기질이 결국에는 엄청난 노력과 훈련을 스스로 할 수 있도록 몰입하게 한다는 점이다.

어떤 천재들은 이러한 이유가 아니라, 부모들의 특별한 훈련을 통해 이러한 높은 목표를 잡지도 않았음에도 엄청난 공부와 훈련을 통해 천재가 되는 이들도 있다는 점에서 천재를 만드는 방법이 획일화된 한 가지뿐이 아니라는 사실을 우리는 인정해야 한다. 경우에 따라서는 조금 더 나은 재능을 빨리 획득한 이들도 있을 수 있고, 아닌 경우도 있을 수 있지만, 중요한 사실은 스스로 설정한 담대한 목표에 의했든, 아니면 타인에 의한 훈련에 의

했든 어쨌든 천재들은 만들어졌다는 사실이다.

피카소가 생전에 남긴 작품 수는 얼마나 될까? 그는 다른 천재들에 비해서 상대적으로 장수한 천재다. 그는 92세의 나이로 1973년 4월 8일에 생을 마감했다. 그는 데생에서 시작해서 유화, 조각, 판화, 도자기 그림 등의 영역에서 활발한 창작 활동을 평생 해왔던 인물이다. 그 덕분에 그가 남긴 작품 수는 5만여 점에 이른다고 한다.

그는 1만 3,500점의 유화와 소묘화, 3만 4,000점의 삽화, 10만여 점의 판화, 300점의 조각과 도예를 제작하여 가장 작품 수가 많은 화가로서 기네스북에 기록되어 있을 정도로 그는 엄청난 양의 작품을 창작하고, 또 창작했던 거장이다.

그의 유화만을 두고 보아도 1만 3,500점 중 1%인 135점의 유화가 세계적인 수준의 작품이라고 우리는 충분히 수긍할 수 있을 것이다. 앙드레 말로는 피카소의 천재성을 '형태들을 파괴하고 창조하는, 우리 시대의 가장 위대한 작업'이라고 말한 적이 있다. 그리고 피카소는 자신의 작업 방식에 대해 다음과 같은 말을 한 적이 있다.

"나는 자연을 모방하지 않는다. 나는 자연처럼 일한다."

"그림을 그린다는 것은, 그러는 동안에 현실이 찢어지고 마는 극적인 행위에 참여하는 것이다."

    그는 모방하지 않고 자연처럼 일할 뿐이다. 자연처럼 일한다는 것이 무엇일까? 봄에 씨앗을 날리는 꽃들이 얼마나 많은 씨앗을 날리는 건지 상상해보면, 자연처럼 일한다는 것은 엄청난 양의 시도를 한다는 것이 아닐까 생각한다. 그가 평생 많은 작품을 창작했다는 점이 이 사실을 확실하게 증명한다.

    피카소를 빼놓고는 20세기 미술을 말할 수 없다고 한다. 하지만 그가 얼마나 많은 작품을 남겼는지를 빼놓는다면 우리는 그의 진실을 제대로 볼 수 없을 것이다. 그런 점에서 그가 20세기의 거장이 될 수 있었던 것은 그의 재능 때문이 아니라 그의 열정과 노력 때문이라고 감히 말하고 싶은 것이다. 창의적 예술가의 대가인 그의 창의성의 비밀을 엿볼 수 있는 그의 말을 들어보자.

    "훌륭한 예술가는 모방하고, 위대한 예술가는 도용한다."

    그의 말들을 살펴보면, 모방하지 않고, 자연처럼 일하고, 도용을 중요시한다는 점을 알 수 있다. 모방과 도용의 차이를 우리는 깊게 새겨 봐야 할 것 같다. 그 차이 속에 창의성과 위대함이 숨어 있을지도 모를 일이기 때문이다.

# 추사 김정희:

# 유배지에서 탄생한 독창적 서체

추사 김정희 선생은 1786년 6월 3일 충남 예산군에서 판서 김노경의 아들로 태어나 백부이신 김노영에게 입양되었다. 김정희 선생은 어려서부터 총명하고 기백이 뛰어났다고 전해진다. 여러 가지 이유로 유배를 많이 가게 되었지만 그는 학문과 예술의 각 분야에서 큰 업적을 이루어낸 인물이다. 그중에서도 독창적인 추사체(秋史體)를 탄생시킨 것은 글씨를 예술로 승화시켰을 뿐만 아니라 창조적인 예술의 길을 갔다는 점에서 높게 평가할 수 있다.

그렇다면 추사 김정희 선생이 어려서부터 총명하고 기백이 뛰어났으므로 예술분야에서 독창적인 추사체를 개발하고 완성할 수 있었을까? 그것은 절대 아니다. 높은 차원의 예술로 도약하기 위해 그가 기울인 노력과 열정과 집중에 대해 우리가 간과하지 않는다면 천재는 타고나는 것이 아니라 만들어진다는 사실을 알게 된다.

물론 추사 역시 어릴 때부터 천재적인 예술성을 인정받아 20세 전후에 이미 국내외에 이름을 떨쳤던 인물이다. 하지만 이것이 곧 추사체의 완성이나 그가 추사체라는 새로운 글씨체의 거장이라는 의미는 절대 아니다. 그의 예술이 본궤도에 오른 것은 그가 그 후로 다양한 예술적 교류와 함께 수많은 공부와 시도, 연습과 훈련을 수 10년을 한 후 이기 때문이며, 그의 최고의 업적이라고 말할 수 있는 추사체의 완성과 그의 대표작이라고 할 수 있는 〈세한도(歲寒圖)〉가 모두 그의 말년에 완성되었기 때문이다.

그는 어릴 때부터 천재적인 예술성(특히 서도)을 인정받아 20세 전후에 이미 국내외에 이름을 떨쳤다. 그러나 그의 예술이 본궤도에 오른 것은 역시 연경(燕京)에 가서 명유들과 교유하여 배우고 많은 진적(眞蹟, 친필)을 감상함으로써 안목을 일신한 다음부터였다. 옹방강과 완원으로부터 금석문의 감식법과 서도사 및 서법에 대한 전반적인 가르침을 받고서 서도에 대한 인식을 근본적으로 달리했다.

옹방강의 서체를 따라 배우면서 그 연원을 거슬러 올라 조맹부 소동파 안진경 등의 여러 서체를 익혔다. 다시 더 소급하여 한(漢), 위(魏) 시대의 여러 예서체(隷書體)에 서도의 근본이 있음을 간파하고 본받기에 심혈을 기울였다.

이처럼 추사는 안목을 높이고 여러 가지 글씨체를 익히고, 간파하고, 본받기에 심혈을 기울였던 것이다. 그의 추사체가 완성된 것은 그가 말년에 제주도에 유배되었을 때, 무한한 단련과 연습과 훈련과 집중을 거쳐 이룩된 것임을 우리는 그의 말을 통해 알 수 있다.

　"가슴 속에 만 권의 책이 들어 있어야 그것이 흘러넘쳐서 그림과 글씨가 된다."

　그가 얼마나 많은 책을 읽었고, 얼마나 많은 공부를 했는지 잘 알 수 있는 말이다. 타고난 재능만 가지고 있다고 해서 그림과 글씨가 되는 것이 아니다. 만 권의 책을 읽고 연습하고 훈련하고 단련을 통해 그것이 흘러넘치는 그러한 경지에 오른 것이다.

　국보 제180호인 완당세한도(阮堂歲寒圖)는 종이 바탕에 수묵으로 된 문인화로서 추사 김정희 선생의 정수를 보여주는 작품이다. 가로 61.2cm에 세로 23cm 사이즈의 이 그림은 날씨가 추워진 뒤 제일 늦게 낙엽 지는 소나무와 잣나무의 지조를 제자인 역관 이상적(李尙迪)의 변함없는 의리에 비유하여 제주도 유배지에서 답례로 그려준 것이다. 그림 자체는 단색조의 수묵과 마른 붓질의 필획만으로 이루어졌으며, 소재와 구도도 지극히 간략하게 다루어졌다. 이와 같이 극도로 생략되고 절제된 화면은 직업화가들의 인위적인 기술과 허식적인 기교주의와는 반대되는 문인화의 특징으로 추사의 농축된 내면세계의 문기(文氣)와 서화일치(書畫一致)의 극치를 보여주는 것이라고 한다.

그의 말년에 그가 제주도로 유배당한 것은 예술적인 측면에서 그에게 축복이었다고 할 수 있다. 모든 위대한 도약은 가장 힘들고 어려울 때 시작되고, 완성되기 때문이다. 그가 9년 동안 제주도 유배지에서 집 울타리 밖으로 나갈 수 없는 위리안치(圍籬安置)의 형을 받고서 학문과 예술에 모든 열정과 에너지를 쏟아부었기에 한 차원 높은 경지로 도약이 가능했다고 말할 수 있기 때문이다. 그의 추사체가 완성되기 위해서 그는 9년 동안 제주도 유배 시절에 벼루 열 개를 구멍 내고 붓 천 자루를 닳아 없어지게 할 만큼 엄청난 연습과 훈련과 노력을 했다.

추사 김정희 선생이 제주도 유배 시절에 기거하던 곳에 적혀 있는 글 속에 이러한 상황이 간단하게 잘 표현되어 있음을 우리는 알 수 있다.

제주 유배 생활은 55세가 된 육지의 사대부 양반이 견디기에 벅찼을 것이다. 그런데 아이러니하게도 9년 동안의 제주 유배가 추사의 업적에 큰 영향을 끼쳤다. 추사는 소나무와 잣나무 같은 굳은 의지로 산고(産苦)와 같은 제주의 삶을 극복하면서 당대 최고의 학자가 된 것이다. 〈추사체〉와 〈세한도〉는 제주가 준 작은 선물이었다.

모거리(별체)는 김정희가 기거하던 곳이다. 집 울타리 밖으로 나갈 수 없는 위리안치(圍籬安置)의 형을 받은 김정희는 이곳에서 학문과 예술을 심화시켰다. 그의 추사체는 벼루 열 개를 구멍 내고 붓 천 자루를 닳아 없어지게 했다고 할 정도로 고독한 정진 속에서 완성되었다고 할 수 있다.

제주특별자치도 서귀포시에 있는 추사유배지에 있는 추사관에 있는 관련 자료에 있는 내용이다. 이러한 사실들을 종합해볼 때, 추사체가 탄생하기 위해 얼마나 많은 정진과 노력이 있었는지 미루어 짐작해볼 수 있다.

추사 김정희 선생은 시(詩), 서(書), 화(畵) 분야에서 독창적이며 뛰어난 업적을 남긴 조선시대의 대표적인 학자이자 예술가다. 그가 그렇게 독창적이고 뛰어난 업적을 남길 수 있었던 것은 엄청난 양의 노력과 연습 그리고 훈련과 공부 때문이었다. 그가 큰 업적을 남기고 추사체의 창시자가 된 것은 그의 재능 때문이 아니라 그의 노력 때문이었다. 이런 점에서 천재는 타고난 재능으로만 되는 것이 아니라, 끊임없는 노력과 훈련을 통해 만들어진다는 사실에 우리는 주목해야 한다.

그가 벼루 열 개를 구멍 내고 천 자루의 붓을 닳아 없어지게 할 정도로 정진하지 않았다면 우리는 추사체를 만날 수 없었을 것이다. 그의 대표작인 세한 역시 마찬가지일 것이다. 천재들의 위대한 작품은 천재들의 땀과 노력과 혼이 담겨 있는 작품이라는 사실을 다시 한 번 추사 김정희 선생을 통해 배우게 된다.

우리가 배워야 할 것은 '붓 천 자루와 벼루 열 개를 닳아 없앨 만큼의 끊임없는 정진의 자세다. 그의 말대로 누구라도 만 권의 책을 가슴에 담고, 붓 천 자루와 벼루 열 개를 닳아 없앨 만큼 연습과 훈련을 한다면 누구라도 명필이 될 수 있고, 뛰어난 글과 그림을 만들 수 있다.

# 레오나르도 다빈치:

# 무한한 호기심이 천재를 만든다

레오나르도 다빈치는 1452년 4월 15일, 피렌체 공화국 빈치(Vinci) 마을에서 태어났다. 그의 아버지 세르 피에로 (Ser Piero)는 공증인이자 지주였으며, 어머니는 농민 출신이었다. 그는 서자로 태어났기 때문에 아버지의 성을 물려받지 못했으며, 대신 자신이 태어난 마을의 이름을 따 '레오나르도 다빈치(Leonardo da Vinci)'라는 이름을 갖게 되었다. 즉, 그의 이름은 '빈치 마을의 레오나르도'라는 뜻을 지닌다.

서자로 태어난 그는 정식 교육을 받을 기회가 제한되었으며, 어려운 어린 시절을 보내야 했다. 하지만 어린 시절부터 음악과 그림에 뛰어난 재능을 보였으며, 특히 그림 그리기를 즐겼다고 전해진다.

그는 1466년, 14세의 나이에 피렌체로 가서 아버지의 친구이자 당대 최고의 화가였던 안드레아 델 베로키오 (Andrea del Verrocchio)에게 도제 수업을 받으며 본격적으로 미술 교육을 받기 시작했다. 당시 그는 의사나 약사와 같은 전문 직업을 가질 수 없었으며, 대학 진학 또한 불가능했다. 서자로서 선택할 수 있는 직업의 폭이 제한적이었기 때문에, 결국 그는 예술가의 길을 걷게 되었다.

그러나 이러한 제약 속에서도 그는 오히려 자신의 창

조성과 호기심을 키우며, 역사상 가장 위대한 천재 중 한 명으로 성장하게 된다.

우리나라 조선시대에도 적자가 아닌 경우에는 많은 제한을 받게 되는 것과 같다고 보면 된다. 그가 만약에 적자로 태어났다면 아마도 의사의 길을 걸었을 것이라고 충분히 예상할 수 있다. 하지만 그는 선택의 여지가 없었던 그 가운데에서 그래도 화가가 그나마 가장 나은 직종이라고 생각했을 수도 있다.

어린 레오나르도는 다른 견습생들과 마찬가지로 청소나 잔심부름 같은 허드렛일부터 배우기 시작했다. 그러면서 차츰 그림 그리는 일을 배우기 시작했다. 그래서 그림에는 소질과 재능이 있다는 것이 스승과의 일화를 통해 우리는 알고 있다.

레오나르도를 가르치던 스승이 나이 어린 제자가 자신보다 더 잘 그림을 그린다는 사실에 충격을 받고, 그날 이후로는 더는 붓을 잡지 않고 조각에만 전념했다는 일화도 있다. 하지만 그림을 잘 그린다고 해서 그것이 지구상에 존재했던 가장 경이로운 천재라고 우리가 평가하는 이유는 아니다.

그는 지적 각성을 촉발시킬 수 있는 단체에 스무 살이

되어 가입하게 되면서, 약 10년 동안 다양한 습작과 함께 독학과 훈련을 계속해 나갔음을 알 수 있다. 그리고 그러한 습작과 다양한 교제를 통해 자신의 실력을 향상시켜 나갔던 것이다. 이러한 사실을 『탁월함에 이르는 노트의 비밀』이란 책에서 다음과 같이 표현하고 있다.

그곳에서 철저한 도제 수업을 받으며 성장하기 시작한 다빈치는 지적 각성을 촉발시킬 단체에 스무 살이 되어 가입하게 된다. 이는 성 누가(Saint Ruka)회의 회원이 된 것인데, 성 누가회는 약제사, 물리학자, 예술가들로 구성되어 있었다. 이곳에서 그는 화가로서의 자리를 잡아 가는 데, 약 10년간 다양한 습작과 함께 다방면의 호기심이 발동하는 시기였다.

그가 밀라노로 가서 본격적인 프로로서의 삶을 펼치기 시작한 것은 서른 살이 되었을 때였다. 정식 교육을 받지 못하고 독학으로 공부한 다빈치는 학벌을 중시하는 메디치 가문에서 멸시를 받고 밀라노의 지배자인 스포르차 가문에서 일하게 된다.

이 책에서 주장하는 대로 다빈치는 처음부터 프로가 아

니었고, 거장이 아니었다. 그것도 독학을 했기에 다른 사람들보다 실력이 더 못했음을 암시하는 대목이 나온다. 그가 메디치 가문에 있을 때, 그는 멸시를 받았던 것이다. 그리고 그는 열네 살 때 도제로 입문한 후 철저한 도제 수업을 받으며 성장하기 시작했고, 그 후 스무 살 때는 누가회에 회원이 되어, 10년 동안 다양한 습작을 하면서 자신을 성장시켜 나간 결과 서른 살이 되어서야 프로로서 삶을 펼쳐 나가기 시작했던 것이다.

그의 천재성은 그가 말기에 그린 몇 점의 뛰어난 작품들에서 비롯되었다. 〈최후의 만찬〉, 〈모나리자〉, 〈동굴의 성모〉, 〈동방박사의 예배〉 등이 세계 최고의 수준의 작품들이라고 평가할 수 있다. 이러한 작품들이 없었다면 그는 르네상스 시대를 대표하는 가장 위대한 예술가라고 평가받을 수 없었을 것이다. 이러한 몇몇 작품들은 그가 평생 방대한 양의 메모와 노트와 공부와 연구와 관찰이 집대성 되어 탄생하게 된 역작이라고 말할 수 있다. 그의 뛰어난 점은 원근법과 자연에의 과학적인 접근과 인간신체의 해부학적 구조, 그리고 그에 따른 정확한 수학적 비율 등이 통합적으로 완벽하게 완성되었다는 점이다.

그의 위대한 점은 평범한 사람들이 도저히 시도하지 못

한 시도를 했다는 것이다. 그는 '화가는 해부학에 무지해서는 안 된다'고 말하면서, 나이를 가리지 않고 남자와 여자의 시체를 30구 넘게 해부해볼 정도의 열정을 가진 인물이었다. 천재는 타고나는 것이 아니라 만들어진다는 점을 잘 알 수 있는 대목이다. 그는 시체가 썩는 냄새를 참아가며 시체 한 구당 적어도 일주일 동안의 시간을 함께 보냈고, 장기를 세밀하게 관찰하고 스케치로 남겼다.

미켈란젤로가 천지창조를 그리기 위해 4년이 넘는 세월을 천장에 매달려서 누운 상태로 벽화를 그리는 어마어마한 고통을 감내해 낸 것처럼 레오나르도 다빈치는 보기에도 끔찍한 정도로 온몸이 파손되고 피부가 벗겨지고 내장이 파헤쳐진 시체들과 진동하는 썩은 냄새를 참으며 밤마다 함께 지내는 고통을 참아 내었던 것이다.

그러한 고통을 참아내면서 인체에 대해 관찰하고 연구하고 스케치를 하였으므로 천재로 거듭날 수 있었던 것이라고 말할 수 있다. 그는 다양한 분야에 걸쳐서 방대한 분량의 노트를 남겼고, 미술사에 길이 남을 걸작을 남겼다.

그는 4만여 페이지에 달하는 노트를 남겼고, 그중에서 우리가 높게 평가하는 것은 그 노트 내용 중 1%에 해당하는 400여 페이지라고 말할 수 있다. 그것도 대단히 많은 내용임을 우리는 알 수 있다. 그가 남긴 중요한 노트의 내용은 해부학, 식물학, 기계학, 천문학, 수리학, 건축학, 물리학, 광학 등과 같은 다방면에 이른다. 그리고 더 중요한 사실은 그가 그렇게 다방면에 이르는 분야에서 큰 업적을 고르게 남길 수 있었던 것은 천재들의 공통점 중 하나인 엄청난 양의 지식과 독서의 인풋이 필연적으로 선행되었다는 사실을 간과할 수 없다는 점이다.

이와 관련하여, 책의 앞부분에서 언급한 내용을 다시 한번 인용해보자. 이는 마이클 화이트의 『최초의 과학자, 레오나르도 다빈치』에서 다룬 내용이다.

거의 모든 문화의 측면이 이 시기에 변하였다. 유럽을 사로잡은 거대한 변화와 관련하여 한 가지 중요한 점을 지적하자면 레오나르도가 네 살 되던 해 구텐베르크가 최초의 책을 인쇄하였다는 사실이다. 당시 유럽에는 책이 총3만 권 정도밖에 없었다. 그러나 다빈치가 중년의 나이에 이른 1500년경에는 대략 800만 권의 책이 인쇄되어(세상에) 있었다.(그가 청년이었을 때는 500만 권 정도 있었을 것이다.)

극소수의 수도사들에 의해서 과학적 사색이 이루어지던 시대를 벗어나 유럽의 문화가 레오나르도, 갈릴레오, 뉴턴과 훗날의 산업 혁명에 토대를 마련해주는 시대로 이행한 것에는 두 가지 중요한 요인이 있다. 첫째로 고대 문헌을 찾아낸 일이다. 고대 문헌은 르네상스의 지식인들이 고전의 사고에 직접적으로 접근할 수 있도록 해주었다. 또 다른 요인은 거의 동시에 이루어진 활자(movable type)의 발명이었다.

이 모든 발견에서 중요한 것은 이 저술들이 순수한 라틴어로 씌어졌으며 가능한 한 오염되지 않은 상태에 가까워졌다는 점이다. 그래서 14세기 후반, 15세기 초의 피렌체 지식인들은 역사상 처음으로 고전시대의 위대한 사상가들의 글을, 엉터리 교육을 받은 수도사들이 거칠게 번역한 단편(斷片) 형태가 아니라 원상태 그대로 읽을 수 있었다.

이것은 그 자체만으로도 엄청난 발전이었다. 그러나 더욱 중요한 것은 이 작품들이 번역되고 해석되는 과정에서 로마시대의 학자들이 또 다른 출전(出典)에 근거하여 글을 썼다는 사실이 알려졌다는 것이다. (라틴어를 제대로 배우지 못했고, 지식적 토대가 없었던 다빈치에게는 일생 일대의 중요한 행운이었다.) 특히 기원전 500년에서 250년에 이르는 황금시대에 나온 아르키메데스, 아리스토텔레스, 피타고라스, 플라톤 등이 그들의 출전이었다.(정규 교육도 받지 못한 그가 철학자로서 명성을 얻을 수 있었던 것의 실마리가 아닐까?) 이런 사실이 알려지자 르네상스 사람들은 필연적으로 과학 지식에 관한 그리스 원전들을 집요하게 탐색하게 괴었다. 고대 학문의 위력을 알게 된 피렌체의 많은 부자들이 외국으로 사람으로 보내서 그리스어 원전으로 된 것은 무엇이든 찾는 대로 사오라고 시켰다.

레오나르도는 행운아였다. 아니 르네상스 시대에 만들어진 수많은 천재는 모두 행운아였다. 그들이 만약에 50년만 더 일찍 태어났더라면 아마도 천재가 되지 못했을 것이다. 레오나르도도 마찬가지였을 것이다. 그가 청년이었을 때, 인류 역사상 가장 많은 책이 한 장소에 모여 들었고, 그것을 쉽게 접할 수 있게 되면서 청년 레오나르도의 의식과 사고의 빅뱅이 일어나게 되었던 것이다.

그는 손쉽게 다양한 분야의 질 높은 책들을 읽을 수 있게 되었고, 그로 말미암아 그는 다방면에 정통한 과학자로 거듭날 수 있게 되었던 것이다.

사생아로 태어난 레오나르도 다빈치는 학교 교육마저 제대로 받지 못했다. 하지만 그는 자신의 머리를 천재로 바꾸어 줄 만큼 혁신적인 것이 많은 양의 독서라는 사실을 알게 되었고, 그때부터 그는 독서에 미치게 되었고, 그 결과 인류 역사상 가장 놀라운 천재의 반열에 오르게 되었다. 그에 대해 연구한 많은 사람은 직접적인 경험을 통한 깨달음으로 그가 그 모든 것들을 발명했을 것이라고 말하거나, 어떻게 해서 그가 그렇게 뛰어난 천재가 될 수 있었는지에 대해 제대로 설명해주는 책은 없다. 그래서 그것이 미스터리 중 하나가 되었다. 하지만 나는 그가 많은 책을 통해, 지식뿐만 아니라, 사고력과 상상력을 남들보다 몇 배나 빨리, 높게 향상시켰다고 생각한다. 그 이유 중 하나는 그가 정규 교육이나 제대로 된 교육을 누구한테서 제대로 오랫동안 받았다는 기록은 없지만, 독학을 통해 당시의 '르네상스인'의 전형이 될 수 있었다고 보기 때문이다.

**일찍이 이런 주장을 했던 사람 중에 피렌체 대성당의 세**

례당 청동문을 조각한 대가인 로렌조 기베르티가 있었다. 그는 『주해서』(1450)에서 '조각가와 화가는 문법, 기하학, 철학, 의학, 천문학, 원근법, 역사, 해부학, 이론, 디자인, 산수 등과 같은 인문과학에 대해 견고한 지식을 소유해야 한다.'고 주장했다. 레오나르도는 이런 주제들을 섭렵했을 뿐만 아니라 그 이상을 추구했다. 여러 분야에 걸쳐 전문성을 발휘하는 '르네상스인'의 전형이었던 것이다.

(찰스 니콜, 『레오나르도 다빈치 평전』)

레오나르도가 받았던 교육이 비공식적이었고 대개 독학에 의존했다는 주장을 강하게 뒷받침하는 특징 중의 하나가 바로 필체다.

(찰스 니콜, 『레오나르도 다빈치 평전』)

레오나르도는 자신을 '문맹'으로 일컬은 것으로도 유명하다. 물론 읽고 쓰지 못한다는 의미가 아니라, 학구적 언어인 라틴어를 배우지 못했다는 뜻이다. 당시에는 대학에 진학하려면 문법, 논리학, 수사학, 산수, 기하학, 음악, 천문학의 일곱 가지 '인문과학' 과목을 공부해야 했는데, 레오나르도는 대학을 가기 위한 공부를 하지 않았고 학교 수업도 받지 않으면서도 대신 실제적인 도제 과정을 시작했다.

(찰스 니콜, 『레오나르도 다빈치 평전』)


당시는 왼손으로 글씨를 쓰는 것은 아주 나쁜 버릇이고, 왼손이 관련되면 죄스러운 것으로 생각했다. 그러나 다빈치는 교육을 제대로 못 받은 탓에 교정할 시기를 놓쳤고, 이후 그림을 그릴 때도 양손을 쓴 경우가 많았다.

(전창림, 『미술관에 간 화학자』)


인류 역사상 가장 위대한 천재 레오나르도 다빈치가 탄생되었던 이유가 다독(多讀) 때문이라고 주장하는 나의 견해를 뒷받침하는 결정적인 단서는 그가 살았던 시대에 비로소 고대 문헌들이 발굴되었고, 동시에 활자가 발명되고 대중화되어, 다빈치가 태어나기 이전에는 유럽에 총 3만 권 정도의 책밖에 없었지만, 다빈치가 살았던 시절에는 대략 800만 권이라는 당시로는 인류 최대의 엄청난 책들이 쏟아져 나오는 지식의 폭발이 일어나게 된 것을 우리는 간과해서는 안 된다. 바로 그러한 책의 홍수 시대를 통해, 레오나르도를 비롯해, 갈릴레오, 뉴턴, 셰익스피어, 마틴 루터, 에라스뮈스, 토머스 모어, 미켈란젤로와 같은 이들이 탄생하게 되었던 것이라고 나는 확신한다.

한마디로 다양한 분야의 많은 책을 그들이 인류 역사상 처음으로 볼 수 있게 되었던 최초의 인류라고 말할 수 있고, 그러한 시대에 세계적인 천재들이 나왔다는 것도 우리는 그냥 지나쳐서는 안 되는 것이다. 그리고 그 시대에 때마침 고대의 문헌을 탐색하는 일이 한 인문주의 학자에 의해서 불이 붙었고, 지식인들 사이에 하나의 유행과도 같은 것이 되었다는 사실이다. 더욱이 그런 사회적 분위기 속에서 다빈치는 정규 교육도 받지 못했고, 그전에는 문맹에 가까울 정도로 책을 통해 지식을 습득하는 것을 등한시하였으므로, 말과 행동이 거칠고 세련되지 못한 상태여서, 많은 냉대를 받았다. 그러한 자극을 통해 어느 순간 그는 제대로 된 독학을 결심하고, 그 후부터 책을 많이 읽게 되었던 것이다. 이러한 사실에 대한 근거는 영국의 과학 저술가이자 디스커버리 채널의 시리즈 프로그램인 『불가능의 과학』의 자문을 맡았고, 베스트셀러인 『스티븐 호킹』과 『아이작 뉴턴: 마지막 마법사』란 책으로 널리 알려진 마이클 화이트의 저서인『최초의 과학자, 레오나르도 다빈치』란 책 속에서 찾을 수 있었다.

결국은 천재는 타고나는 것이 아니라 스스로 부단한 노력과 방대한 인풋, 그리고 훈련과 연습을 통해 만들어진다는 것이다. 우리는 천재의 뛰어난 작품 몇 개를 보고 그가 그런 재능을 처음부터 가지고 있었을 것이라고 쉽게 판단해버린다. 레오나르도 다빈치의 수많은 노트와 그의 위대한 작품 몇 점을 통해 우리는 그가 천재 중의 천재이며 타고난 천재였다고 쉽게 판단한다. 하지만 그가 그러한 작품을 남기고 위대한 업적을 이루기 위해 기울인 모든 노력과 열정과 에너지와 고통을 생각해본다면, 그러한 위대한 아웃풋은 어쩌면 당연하다고 말할 수 있을 것이다. 마이클 화이트의『최초의 과학자, 레오나르도 다빈치』에 나오는 내용이다.

레오나르도는 자기 시대의 지식을 흡수하고 자기 이전의 그 누구보다도 멀리까지 나아가 스스로 발견한 것들을 받아들였다. 과학자, 발명가, 공학자로서의 업적을 향하여 그가 어떻게 첫걸음을 옮겼는지를 보기 전에 우선 피렌체로 그를 따라가서 그곳에서 그의 형성기를 살펴보기로 하자.

피렌체는 르네상스의 원천지였다. 상대적으로 짧은 기간 동안 이 도시가 산출해 낸 것, 즉 이 도시가 인간 노력의 위대한 개화기의 정수와 의미를 획득한 것만 보아도 그것을 알 수 있다. 인류 역사상 20세기 이전에 문화의 많은 요소들이 가장 빠른 속도로 발전된 시대가 바로 르네상스 시대다.

다빈치는 피렌체로 들어가서, 세상에 이런 엄청난 책들이 있고, 그것을 미친 듯이 탐독하는 사람들이 있다는 사실에 큰 자극을 받고, 책을 통해 자신을 발전시켜 나가게 되었고, 그 결과 천재다운 천재로 거듭나게 되었다고 나는 생각한다. 아래에 나오는 마이클 화이트의 말대로, 과연 그는 무엇인가(?)를 통해 어떤 영향을 받아서, 자신만의 독특한 통찰력을 발전시킬 수 있었고, 지적인 노력을 시작할 수 있었던 것일까? 나는 그것이 바로 피렌체에 차고 넘치는 수많은 책과 그 책들을 탐독하는 주위 사람들이었다고 생각한다.

레오나르도가 어떻게 그토록 빨리 시골뜨기에서 그런

멋쟁이가 되었던 것일까? 그보다 더욱 중요한 것은 대체 어떤 영향력이 그의 독특한 통찰력을 발전시키고 지적인 노력을 시작할 수 있도록 만든 것일까? 너무나 오랜 세월이 경과하였기에 이 과정은 추적하기가 어렵다.

다빈치가 처음부터 천재가 아니었다는 사실과 그가 얼마나 피나는 독학을 했는지에 대해 알 수 있는 대목이 나온다. 많은 사람이 그가 책과 관련이 별로 없는 타고난 천재라고 여기는 것과 사뭇 다른 증거들이다.

메디치 가문의 수장인 로렌츠는 고전 교육을 받았다. (…) 레오나르도는 자신을 가리켜서 '문헌적 지식이 없는 사람'이라고 말하곤 하였다. (…) 로렌츠의 입장에서 보면 레오나르도는 말이 거칠고 촌스러운 남자였다. (…) 레오나르도가 (…) 3년 뒤에 피렌체를 떠날 때까지 그는 메디치 집안의 냉대를 받았다. (…) 레오나르도가 독학 코스를 시작한 날짜는 알 수 없지만 어느 정도 근거가 있는 추측을 해볼 수 있다. (…) 1470년대 말에 그는 독학 과정을 짜려고(또) 애썼다. 그는 자신을 위한 메모를 만들었다. 자신의 노트에 남겨 놓은 '보조 메모' 중 하나

에는 그가 읽고자 하는, 혹은 이미 읽은 저작 리스트가
실려 있다.

'카를로 마르모키(천문학자 겸 지리학자)의 상한의, 메세
르 프란체스코 아랄도. 세르 베네데토 치에페렐로(공증
인). 산수에 관해서 베네데토(아마도 베네네토가 쓴 책).
마에스트로 파올로., 의사. 도메니코 디미켈리노(화가).
알베르티의 엘 칼보(아마도 만능천재 레온 바티스타 알베르
티의 친척). 메세르 조반니 아르지로폴로(당시 피렌체의 유
명한 그리스 철학자.)

다빈치가 다양한 분야의 책들을 읽었다는 확실한 증거
인 셈이다. 그는 철학, 천문학, 지리학, 의학, 미술학, 산
수학 등에 관한 책을 최소한 읽었다. 그가 다양한 책을
통해 독학을 한 이유는 학교 교육을 받지 못했으므로, 닥
치는 대로 책을 읽어야만 했던 것이고, 오히려 그러한 콤
플렉스가 약이 되어, 그의 사고와 의식 수준을 한 단계
끌어 올려 주었다고 생각할 수 있다.

레오나르도가 작업장을 떠나 피렌체에서 독립한 채로
훗날의 발견과 발명에 토대가 되어 줄 과학과 공학의 기

초를 이해하는 데 몰두해 있었던 기간은 ….

여기에서 결정적인 근거는 그가 훗날의 발견과 발명을 할 수 있는 토대가 되어준 과학과 공학의 기초를 이해하기 위해 몰두했었다는 점이다. 과학과 공학의 기초를 이해하고 배우는 방법은 학교에 다니든지, 독학으로 책을 많이 읽든지 둘 중 하나밖에 없다. 그가 다시 학교에 다녔다는 말은 어디에도 나오지 않는다. 다만 독학에 노력을 기울였던 시기가 그 시기라는 말은 많이 나온다.

이상의 이야기를 근거로 결론을 내리자면, 다빈치 역시 다양한 책들을 통해, 많은 지식과 함께 사고와 의식의 도약을 하지 않았다면, 지금의 천재 다빈치가 될 수 없었던 것이라고 말할 수 있다는 것이다.

# 미켈란젤로 부오나로티: 예술을 위한 극한의 몰입

이탈리아의 조각가이자 르네상스 시대를 대표하는 천재 조각가 미켈란젤로 역시 1%의 법칙에 적용되는 천재다. 또한 그는 타고난 천재라기보다는 노력과 훈련을 통해 남들보다 더 일찍 재능이 계발된 천재였다.

그가 남들보다 더 일찍 조각에 눈을 뜨고, 조각을 하게 된 것은 미켈란젤로를 키워준 유모의 남편이 석공이었기 때문이다. 미켈란젤로는 '유모의 젖과 함께 끌과 정을 핥으며 자랐기 때문'에 조각가가 되었다고 말할 정도로 그는 매우 어렸을 때 조각을 접하게 되었던 것이다. 미켈란젤로가 얼마나 일찍 조각을 접하고 조각하는 것을 눈으로 보고 흉내 냈는지를 짐작할 수 있다.

골프 천재인 타이거 우즈 역시 다른 아이들이 골프가 무엇인지도 모를 두 살 때 아버지가 골프 스윙을 하는 모습을 보고 자신의 장난감 골프채로 스윙을 흉내 낸 적이 있었다. 이처럼 천재들은 남들보다 훨씬 빨리, 그리고 그 덕분에 훨씬 많은 연습과 훈련을 할 수 있는 시간을 확보하였던 것이다.

미켈란젤로는 1475년 3월 6일 이탈리아 카센티노의 카프레세에서 태어났다. 그리고 그가 여섯 살 때 어머니가 세상을 떠나자, 어느 석공의 아내에게 맡겨졌다. 그렇게 자라다가 13세 때인 1488년에 부친의 반대를 무릅쓰고 피렌체의 도메니코 기를란다요 문하에서 3년간 도제 수업을 받기 시작했다. 하지만 미켈란젤로는 그림에 싫증을 내고, 좀 더 영웅적이고 멋지다고 생각하는 조각을 하기 위해 조각 학교에 입학하여 조각가로서 연습과 훈련을 본격적으로 하게 되었다.

미켈란젤로가 1%의 법칙에 적용되는 천재인 증거를 그가 베네치아 귀족과의 일화를 통해 엿볼 수 있다.

그는 베네치아의 어떤 귀족의 요청으로 귀족의 흉상을 열흘 만에 완성하고 그 대금으로 금화 50개를 청구했다. 귀족은 고작 열흘 동안에 그렇게 쉽게, 적은 시간을 들여 만들어놓고 너무 많은 비용을 청구하는 것에 대해 못마땅하게 생각한 나머지 미켈란젤로에게 항의했다. 그러자 미켈란젤로는 다음과 같이 대답했다고 한다.

"흉상을 열흘 만에 완성하기까지 내가 30년 동안 수련해왔다는 것을 당신을 잊어버리고 있습니다."

그의 말대로 우리는 많이 하면 할수록 실력이 향상되고, 많이 할수록 더 빨리 할 수 있게 되고, 더 잘할 수 있게 된다. 바로 그러한 노력과 연습을 통해 르네상스 시대를 대표하는 천재 조각가는 탄생했던 것이다. 그가 만약에 아무리 천재라 하더라도 30년 동안 수련을 하지 않았다면 어떻게 그렇게 빨리 흉상을 쉽게 만들어 낼 수 있었겠는가?

그리고 그가 젖 먹을 때부터 조각하는 것을 눈으로 보면서 자랄 수 있었던 환경 또한 그가 천재로 도약하는 데 일조했다는 사실을 간과해서는 안 될 것이다. 그의 걸작인 〈피에타상〉 상과 〈다비드상〉이 탄생할 때쯤에는 그가 조각을 접하고 나서 10년 이상이 더 된 시기라는 점을 우리는 알아야 한다.

미켈란젤로는 15세가 되는 1490년에 피렌체 군주가 후원하는 전문 미술가 양성소인 '산 마르코 정원 학교'에 입학해 조각을 전문적으로 배우며 익히기 시작했다. 하지만 그 이전부터 조각은 그의 삶과 다름없는 것이었다. 그렇게 배우고 또 배운 미켈란젤로는 드디어 19세가 되던 1494년에 생애 첫 로마 여행지인 로마에서 〈피에타상〉 상을 조각해 달라는 제의를 받고 작업에 착수하게 된다. 재미있는 사실은 미켈란젤로가 제의를 받고 〈피에타상〉상을 조각하기 위한 계약서에는 다음과 같은 조건이 적혀 있었다는 사실이다.

"로마에서 지금까지 한 번도 본 적이 없을 만큼 세상에서 가장 아름다운 조각품이 되어야 한다.”

　이러한 조건에 따라, 그는 몇 년 후에 〈피에타상〉를 완성하여 일반에 공개한다. 계약서의 요구 조건은 〈피에타상〉를 감상하며 넋을 잃고 보는 일반인들을 통해 충족되었음을 모두가 인정하게 되었다.

　이어서 미켈란젤로는 연이어 3년 동안의 각고 끝에 또 다른 하나의 걸작을 완성했다. 1504년 9월 피렌체의 시청사 앞에 세워진 〈다비드상〉이 바로 그것이다.

　그가 남긴 작품의 수는 많지 않지만, 하나의 작품을 만들기 위해 그는 아마도 이전에 수백 개의 작품을 만들고도 남을 정도의 수련과 연습을 했을 것이라고 충분히 생각해볼 수 있다. 다비드상을 하나 만들기 위해 3년 동안 각고의 노력을 기울였다는 사실을 통해 우리는 충분히 이러한 사실을 짐작해볼 수 있다. 그뿐 아니라, 그가 시스티나 예배당 천정에 4년여 동안의 혹독한 작업을 통해 남긴 〈천지창조〉와 거의 죽어가는 순간까지 작품들을 조각하였다는 사실을 통해 우리는 그의 열정과 에너지가 남다름을 알 수 있다.

노고로 나의 목에 혹이 생겼다. … 나의 배는 턱을 향해 부어오르고, 수염은 위쪽으로 뻗치고, 머리뼈는 등 쪽으로 쳐지고, 가슴은 괴물 하르피이아(그리스 신화에 나오는 여인의 얼굴을 가진 새) 같다. 내 얼굴은 붓에서 떨어진 물감 방울로 알록달록한 모자이크로 변했다. 허리는 몸속으로 깊이 박히고, 팔은 평형추처럼 흔들린다. 발치를 내려다볼 수 없어서 어림짐작으로 걷는다. 몸 앞쪽의 피부는 팽팽하고 뒤쪽의 피부는 늘어졌다. 몸이 시리아의 활처럼 굽은 탓이다. 나의 지성도 육체처럼 비뚤어졌다.

(사이토 다카시, 『도약의 순간』)

『도약의 순간』이란 책에 미켈란젤로가 〈천지창조〉를 제작할 때의 어려움에 대해 밝힌 부분에 대한 부분이다. 그는 혼신을 다해 누운 채로 천장에 매달려 그림을 그려야 했으므로 시력도 잃었고, 기력도 크게 소진되었다. 그의 혼신의 노력이 어느 정도였는지 그가 훗날 회상했던 부분을 좀 더 살펴보자.

**400명이 넘는 위대한 인물들을 그리며 고통스러웠던 4**

년을 보내고 나니 나는 마치 예레미야 선지자처럼 늙고 지친 것 같았다. 아직 37살밖에 되지 않았는데 친구들은 이미 노인처럼 늙어버린 나를 알아보지 못했다.

(존 맥스웰, 『리더의 조건』)

이처럼 그는 엄청난 노력과 훈련을 통해 작품을 만들어 나갈수록 실력이 향상되었다는 사실을 알 수 있다. 아마도 그가 정확히 4년 6개월 동안 〈천지창조〉란 작품을 만들기 위해 얼마나 방대한 양의 작업과 훈련을 했는지 살펴보면 놀라지 않을 수 없다.

1508년 교황 율리우스 2세로부터 바티칸 내 시스티나 성당의 천장화를 그려 달라고 부탁받고, 그는 자신이 조각을 위해 구입한 값비싼 돌들의 대금을 지급할 돈이 필요했기에 거절할 수가 없었다. 40미터 높이에 너비만도 13미터가 넘는 천장에 매달려 4년여 동안 하루에 최소 18시간을 그림 그리기에만 투자했을 것이라고 우리는 추정하고 있다. 그것도 공중에 매달려 누운 채로 말이다.

이러한 모습을 통해 우리는 천재란 남들보다 능력이 뛰어난 사람이 아니라 남들보다 백 배, 천 배 더 노력하는 사람일 뿐이라는 사실을 인정할 수밖에 없다. 그가 그 그림을 그리는 동안 오른팔이 뒤로 돌아가 척추가 휘어지고, 눈동자는 위로 돌아가 초점이 흐려지는 육체적 고통을 날마다 참아 내야 했다는 사실을 알아야 한다. 그가 그림을 완성한 후 시스티나 성당을 떠날 때는 몸의 반이 돌아가고, 눈은 정면을 바라보기 힘들고, 온몸은 문드러져 버린 반 불구자가 되었다고 한다.

재미있는 사실은 영국의 한 방송사에서 다큐멘터리 제작을 위해 미켈란젤로와 비슷한 작업 환경에서 화가 두 명이 작업을 하도록 재현을 했다고 한다. 그런데 더 웃긴 사실은 이 두 명의 화가들이 작업한 장소는 시스티나 성당보다 훨씬 작고 낮은 천장이었음에도 며칠이 지나지 않아 두 명의 화가가 모두 도망쳐 버렸다고 한다. 그러고 나서 이 두 화가는 나중에 시스티나 성당에 들어가서 천장을 바라보자마자 무릎을 꿇고 눈물을 흘리기 시작했다고 한다.

위대한 작품은 결코 재능만으로 탄생하지 않는다는 것을 누구보다 확실하게 이들은 깨달았던 것이다.

미켈란젤로가 시스티나 성당 천장에 그린 세계 최대의 벽화인 〈천지창조〉의 크기는 41.2 미터의 길이에 폭이 13.2미터나 되는 엄청난 크기의 벽화다.

이처럼 세계 최고의 작품은 재능이나 소질로만 이루어질 수 없다. 엄청난 양의 노력과 연습과 창작 활동을 통해 빙산의 일각처럼 아주 작은 부분이 세상에 드러나게 되는 것이다.

그는 거의 500점에 이르는 데생을 포함한 작품들을 남겼다. 하지만 세계적인 수준의 뛰어난 작품으로 우리에게 큰 감동과 영향을 끼치는 작품들이라고 정확하게 평가할 수 있는 작품들은 〈천지창조〉 '다비드상' '피에타' '최후의 심판' '모세' 등을 중심으로 한 십여 작품이라고 말할 수 있다. 천재가 만들었다고 모든 작품이 다 세계적인 수준은 절대 아니다.

미켈란젤로를 천재로 평가하는 이유 중 하나는 그가 그린 그림들 속에는 신비스런 수수께끼와 같은 놀라운 점들이 숨어 있기 때문이다. 『미켈란젤로 미술의 비밀』이란 책의 저자인 질송 바헤토와 마르셀로 G. 지 올리베이라는 자신의 이 책을 통해 시스티나 성당 천장화의 해부학에 대해 연구한 내용을 발표했다. 그 책에 보면 시스티나 성당의 천장화 중에는 인체를 해부할 때 볼 수 있는 인체의 여러 모습을 형상화했다는 것이다.

가령 〈원죄〉에는 대동맥궁을 형상화한 나무 일부분

이 그려져 있고, 〈살몬, 보아스, 오벳〉에는 어깨뼈가 형상화되어 비밀스럽게 그려져 있다는 것이다. 그뿐만 아니라 1990년 〈미국의학협회지Journal of the American Medical Association〉에 실린 미국인 의사 프랭클린 메시버거의 논문에서도 미켈란젤로의 〈천지창조〉 중에서 〈아담의 탄생〉이란 그림은 인간의 두개골 단면을 보여주는 다수의 해부학적 구조들을 정확하게 형상화했다는 것이다.

『미켈란젤로 미술의 비밀』을 보면 이 말이 바로 이해가 된다. 메시버거의 논문 중 일부를 살펴보자.

> 뇌의 마루엽과 관자엽을 나누는 띠고랑은 조물주의 어깨를 가로지르며 왼팔 아래로 내려가서 바로 아래에 있는 천사의 엉덩이를 따라 연장된다. 그에 이어지는 하단의 녹색 스카프는 척추동맥을 형상화한 것이다. 조물주 바로 밑에서 측면으로 늘어지는 천사의 등은 다리뇌의 형상화이고, 천사의 엉덩이와 다리는 척수를 표현하고 있다. 뇌하수체는 화면 하단으로 이어지는 천사의 다리와 발에 의해 표현된다.
>
> 조물주와 아담 모두 5개의 발가락을 가지고 있다. 하지

만 뇌하수체의 표현물인 천사의 발에는 두 개의 발가락이 있을 뿐이다. 이 천사의 오른쪽 다리는 엉덩이와 무릎 부분을 구부리고 있는데, 넓적다리는 시신경을, 무릎은 횡으로 절개된 시각교차를, 그리고 다리는 시각 신경로를 각각 형상화한 것이다.

미켈란젤로의 천장화뿐만 아니라, 그의 다양한 작품에도 수수께끼 같은 비밀이 숨겨져 있다고 이 책의 저자는 주장한다. 그렇다면 그는 어떻게 그렇게 정교한 인체 해부 지식을 갖추었을까? 이 질문에 대한 답은 이탈리아 화가이자 조각가이며, 미켈란젤로의 전기를 집필한 콘디비(Ascanio Condivi)의 기록에서 찾을 수 있다. 그는 미켈란젤로의 해부학적 이해가 타고난 재능이 아니라, 끊임없는 연구와 실제 해부 실습을 통한 노력의 결과였음을 밝힌다. 즉, 그의 정교한 표현력은 집요한 탐구와 실험이 만들어낸 성과였다.

그의 손에서 해부되지 않은 동물이 있을까! 미켈란젤로는 실로 엄청난 수의 인체를 해부했다. 평생을 해부학에 바친 어떤 사람이라도, 또 이를 직업으로 삼은 어떤 사람이라도 그의 지식을 따라잡지 못할 것이다.

미켈란젤로는 엄청난 수의 인체를 해부했던 것이다. 엄청난 수의 인체를 해부했기에 인체의 해부도에 대해 당연히 지식을 가지고 있었던 것이다. 저절로 생겨나는 천재는 없다. 천재의 숨은 뒷면에는 엄청난 공부와 노력과 열정이 숨어 있다는 것을 한 번도 우리는 발견할 수 있는 대목이다.

40미터 높이의 천장 구석은 밑에서 아무리 봐도 보이지 않는 부분이다. 하지만 미켈란젤로는 그러한 부분까지도 소홀함이 없도록 열심히 그렸다. 이러한 모습을 본 사람들이 미켈란젤로에게 물었다.

"미켈란젤로! 높고 어두운, 아무도 보지 않을 시스티나 성당 천장 구석을 왜 그렇게 열심히 그리고 있는가?"

"신께서 보실 것입니다."

미켈란젤로는 한마디로 대답을 했다. 그가 얼마나 헌신했고, 혼신을 다했는지를 알 수 있는 대목이다. 이러한 혼신의 정신이 위대한 〈천지창조〉라는 천장화를 탄생시켰던 것이다.

"절망하지 마라.
종종 열쇠 꾸러미의 마지막
열쇠가 자물쇠를 연다."

- 필립 체스터필드

# 5장

# 그들은 어떻게
# 위대함에 도달했는가

# 자신이 하고 싶은 일,
# 좋아하는 일을 찾아서 했다

세상에 이름을 남긴 천재들을 살펴보면, 그들 모두가 자신이 하는 일을 진심으로 즐겼다는 공통점을 발견할 수 있다. 단순히 잘하는 것을 넘어, 그들은 자신의 분야에 몰입했고, 깊은 애정을 가졌으며, 마치 놀이하듯 탐구했다.

창의성을 주제로 한 수많은 책에서 언급되는 한 가지 흥미로운 연구가 있다. 시카고 대학 창의성 연구팀이 진행한 인터뷰 조사가 바로 그것이다. 이들은 노벨상 수상자를 포함해, 각 분야에서 창의적인 업적을 이룬 100명의 인물을 대상으로 연구를 진행했다. 그들이 어떻게 창의적인 성취를 이루었는지, 무엇이 그들을 특별하게 만들었는지를 탐구한 연구였다.

연구 결과는 단순하면서도 강력했다. 그들의 성공을 결정지은 가장 큰 요인은 '자신이 좋아하는 일을 했다'는 사실이었다. 아무리 머리가 뛰어난 사람도 흥미를 느끼지 않는 분야에서는 두각을 나타내기 어렵다. 반대로, 아무리 평범한 사람이라도 진심으로 좋아하는 일을 할 때, 재능이 새롭게 창조될 수도 있다.

특히 노벨상을 받은 수많은 과학자들의 마음속에는 '재미와 열정'이라는 공통된 감정이 자리 잡고 있었다. 그들은 연구실에서 실험을 반복하는 고된 과정조차 흥미로운 퍼즐을 풀 듯이 즐겼다. 성취는 그런 태도 속에서 자연스럽게 피어났다. 결국, 창의성과 천재성은 단순한 재능의 문제가 아니다. 진정으로 몰입할 수 있는 일을 찾고, 그것을 즐기는 사람이 가장 큰 성취를 이룬다.

"이렇게 재미있는 일을 평생 하고 살 거야."

"이렇게 재미있는 일이 또 있을까? 그런 점에서 나는 행운아야."

"이렇게 멋지고 신 나는 일을 하며 살 수 있다니, 나는 참 행복한 사람이야."

대부분의 노벨상 수상자들이 이러한 마음을 가지고 있었다. 자신이 좋아하는 일을 할 수 있었고, 발견하였기에 그 일에 모든 에너지를 쏟아부을 수 있었던 것이다. 그리고 그러한 일에 대한 열정과 에너지는 고스란히 탁월한 작품으로 승화되어 창조되었던 것이다.

"나의 작업은 예술이 아니라 놀이에 가깝다."

이 말은 네덜란드 출신의 세계적인 판화가, 마우리츠 에셔(M. C. Escher)가 남긴 유명한 문장이다. 많은 이들이 예술가의 작업을 고통스러운 창작의 과정이라 생각하지만, 에셔에게 그것은 달랐다. 그는 그리는 과정 자체를 즐겼다. 예술이 의무가 아니라 순수한 탐구와 발견의 과정이었기에, 그는 자신의 작품 속에서 끝없는 놀이를 이어갔다.

그러나 그의 '놀이'는 결코 가벼운 것이 아니었다. 그는 교묘한 수학적 계산을 통해, 논리학의 난제를 시각적으로 풀어내는 작업을 했다. 그의 판화 속에는 정밀한 기하학적 패턴, 착시 효과, 무한 반복 구조가 자리 잡고 있었다. 작품 하나하나가 철저한 계산과 연구 속에서 탄생했으며, 눈에 보이는 현실과 보이지 않는 개념이 교차하는 경이로운 세계를 창조해냈다.

그의 창작 활동은 단순한 영감에 의존하지 않았다. 그는 평생 동안 448개의 판화와 2,000개 이상의 스케치를 남겼다. 이는 결코 우연이 아니었다. 그는 수없이 그리며, 실험하고, 또 다시 도전했다. 반복적인 연습과 집요한 탐구 끝에 그는 자신만의 독창적인 예술 세계를 구축했다. 결국, 그가 위대한 예술가로 남을 수 있었던 것은 천재적인 직관 때문이 아니라, 자신이 사랑하는 작업에 모든 열정과 에너지를 쏟아부었기 때문이었다.

에셔는 끝없이 탐구했고, 끊임없이 즐겼다. 그리고 그 결과, 우리는 지금도 그의 작품 속에서 논리와 환상의 경계를 넘나드는 시각적 마법을 경험할 수 있다. 노벨 물리학상을 받은 리처드 파인만, 그는 미국 최고의 천재라고 칭송받는 천재이기도 하다. 하지만 그가 그렇게 천재로 평가받고 칭송받는 가장 큰 이유가 그가 머리가 좋은 천재이기 때문이 절대 아니다. 그의 IQ는 122에 불과하다. 천재들과 관련하여 우리가 가장 쉽게 속단하는 것 중 하나가 '원래 천재들은 머리가 좋아서 천재다'라는 것이다. 하지만 지능지수하고는 아무런 관련이 없음을 확실하게 명심해야 한다.

재미있는 사실은 리처드 파인만 역시 일을 즐기고 좋아했다는 사실을 그의 말을 통해 알 수 있다는 점이다.

"내가 하려는 일이 핵물리학의 발전에 얼마나 기여하는가는 중요치 않다. 문제는 그 일이 얼마나 즐겁고 재미있느냐다."

이처럼 평범한 지능의 리처드 파인만은 어떻게 해서 보통 사람들이 어렵게 느끼는 물리학을 좋아하게 되었을 뿐만 아니라 그 일을 즐겁고 재미있는 것으로 남과 다르게 생각하게 된 것일까? 그것은 바로 그가 어렸을 때 아버지의 특별한 노력 때문이었다. 이러한 사실에 대해 리처드 파인만을 주제로 다룬 책인 『나는 물리학을 가지고 놀았다』라는 책에 잘 설명되어 있다.

그는 아들이 아주 어린 시절부터 '과학적으로' 생각하도록 아들을 가르쳤다. 아기가 아직 유아용 식탁 의자에 앉던 시절부터, 아버지는 여러 색깔의 욕실 타일로 아기와 함께 놀이를 했다. 처음에는 타일을 어떤 순서로든 일렬로 늘어세우는 놀이를 했고, 그런 다음에는 이것을 도미노처럼 넘어뜨리면서 놀았다. 하지만 둘은 금방 패턴을 만드는 일로 넘어갔다. 예를 들어 흰 타일 둘을 놓은 다음에 파란 타일을 하나 놓고, 다시 흰 타일 둘에 파란 타일 하나, 이런 식으로 늘어세우는 것이었다. 어린 파인만은 놀이를 아주 잘하게 되었다. 아버지가 어린 파인만에게 패턴에 대해, 그리고 기초적인 수학적 관계를 생각하도록 의도적으로 가르쳤던 것이다.

이처럼 어린 리처드 파인만이 과학에 흥미를 갖게 하려고 그의 아버지는 의도적으로 그에게 브리태니커 백과사

전 한 질을 사주었고, 미국 자연사 박물관에도 데리고 갔고, 살아 움직이는 상상력으로 과학의 세계를 마법적이고 신비로운 세계로 묘사하며, 아들이 과학에 완전하게 매료되게 했던 것이다. 그렇게 하여 일찍이 과학에 매료된 어린 파인만은 신 나게 과학의 세계에 빠져들었을 것이다. 그것이 어떻게 재미가 없을 수가 있을까? 그렇게 되어 매일 신 나는 과학의 세계에 빠져서 그 속에서 성장한 파인만이 뛰어난 과학자가 되는 것은 당연한 일이었던 것이다.

IT의 혁명가인 위대한 스티브 잡스 역시 일을 사랑하고 즐겼던 사람임을 그의 말을 통해 알 수 있다.

"내가 일을 계속할 수 있었던 유일한 이유는 내가 하는 일을 사랑했기 때문이다."

그가 그토록 위대한 혁신가로, 세상에서 가장 창조적인 CEO라는 명성을 얻게 된 것은 그가 돈이나 명성을 위해 일을 한 것이 아니라 오직 자신이 하는 일을 사랑했기 때문이다. 이러한 사실을 입증해 보여주는 사례로 그는 자신이 세운 애플에서 쫓겨난 이후에도 여전히 자신이 좋아하는 일을 하면 살았고, 망하기 직전의 자신이 세운 회사에 다시 돌아와서 자신의 연봉을 고작 1달러로 책정했다는 사실을 들 수 있다. 그는 애플에서 14년간 다시 일하면서 추가 배당금조차 받지 않았고, 14년 동안 매년 1달러를 받으면서 그토록 놀라운 일들을 해냈다.

사람에게 창의성의 불을 지피는 것은 돈이나 명성이 아니라 자신이 진정 좋아하고 사랑하는 일, 그 자체라는 사실을 알 수 있다. 발명왕 에디슨도 다르지 않다. 어떤 기자가 그에게 어떻게 하면 밤낮을 가리지 않고 일에 매진할 수 있는가에 대해 질문했을 때 그는 다음과 같이 대답했다.

"나는 평생 일한 적이 없다. 재미있게 놀았고, 항상 즐거웠을 뿐이다."

만약에 발명하고 연구하는 데 적성이 맞지 않는 사람에게 월급으로 수천만 원을 준다고 하더라도 에디슨이 그렇게 열심히 고된 발명을 한 것처럼 일하라고 하면 하지 못할 것이다. 에디슨은 발명하는 일이 진정으로 자신이 좋아하는 일이었으므로 누구보다 더 즐겁게, 그리고 누구보다 더 열심히 지속적으로 할 수 있었던 것이다.

피를 끓게 하는

높고 담대한 목표가 있었다

1997년 국제상공회의소가 뽑은 '세계에서 가장 뛰어난 인물 10인'에 선정되어 이 시대에 가장 영향력 있는 사람으로 평가받은 앤서니 라빈스(Anthony Robbins)는 『거인의 힘 무한능력』이라는 책에서, 우리의 인생을 바꾸고 새롭게 할 수 있는 가장 강력한 힘은 행동에 옮기는 일이라고 설파했다.

　　"행동이 달라져야 결과가 달라지고, 인생이 달라진다."

　　그런 점에서 인생에서 위대한 업적을 달성해내는 거인이 되기 위해서는 꾸준하게 행동하는 것이 가장 중요하다고 할 수 있다. 어쩌다가 멋진 행동을 한두 번 하는 것으로 우리의 인생이 달라지지 않는다. 그렇다면 꾸준하게 이루어지는 행동을 하기 위해 어떻게 해야 할까? 무엇이 우리의 행동을 이끄는 것일까? 무엇이 우리가 취하는 행동과 우리의 미래, 인생의 궁극적인 종착역을 결정짓는 것일까?

　　이러한 질문에 앤서니 라빈스는 명쾌하고도 간결하게 말한다. 그것은 바로 '결단의 힘'이라고 말이다. 그래서 그는 우리 자신의 운명이 결정되는 것은 바로 우리가 결단하는 순간이라고 믿는다. 그래서 그는 자신의 또 다른 저서인 『네 안에 잠든 거인을 깨워라』에서 4가지 성공공식에 대해서 다시 언급했다.

1) 진정으로 원하는 것을 결정하라.
2) 행동하라.
3) 잘 되는 것과 잘못 되는 것을 찾아내라.
4) 원하는 것을 이룰 때까지 전략을 바꿔가며 계속하라.

위대한 성과를 달성하기 위해서는 무엇보다 진정으로 자신이 원하는 것이 무엇인지를 결정하고 결단하는 것이 가장 중요하다. 그러한 결단은 곧 행동으로 이어지기 때문이다. 이러한 사실에 대해 그는 또다시 강조하며 다음과 같이 말한다.

탁월한 사람은 성공을 향한 일관된 경로를 따라간다. 나는 이것을 '최고 성공공식'이라고 부른다. 이 공식의 첫 번째 단계는 목표를 분명히 아는 것이다. 다시 말해서 당신이 무엇을 바라는지 분명하게 정의 내리는 것이다. 두 번째 단계는 행동을 취하는 것이다. 그렇지 않다면 소망은 항상 꿈에 머물러 있을 것이다. 당신은 원하는 결과를 만들어내는 데 최고의 확률을 가져올 것이라고 믿는 행동을 취해야 한다.

『무한능력』에서 앤서니 라빈스가 말한 것처럼 우리는 우리가 진정 바라는 것이 무엇인지 정의를 내리고, 목표를 분명히 하는 것이 성공공식에서 가장 우선시해야 한다.

"시작과 창조의 모든 행위에는 하나의 근본 진리가 있다. 그것은 우리가 스스로 하겠다는 결단을 내린 순간 하늘도 움직인다는 것이다."

요한 볼프강 폰 괴테의 말처럼, 우리가 결단할 때 우리만 행동을 하는 것이 아니다. 하늘도 움직여주고, 없던 재능도 생겨난다. 이것이 결단의 힘이다. 그리도 우리가 결단할 때 무엇보다 더 큰 변화는 우리가 진정 인생을 걸고 하기를 원하는 것, 바로 인생 최대의 목표가 만들어지는 것이다.

우리가 천재가 되지 못하는 단 한 가지 이유는 인생 최대의 목표가 없어서다. 능력이 없어서가 아니다. 능력이 없어서 우리가 실패하는 것이 아니라 목표가 없으므로 실패하는 것이다. 인생 최대의 목표가 있는 인간에게는 환경도, 그 어떤 문제도 더는 문제가 될 수 없다. 인생 최대의 목표가 있는 인간에게는 그 어떤 것도 그 사람의 행동을 멈추게 할 수 없다.

"우리의 삶을 위대한 삶으로 바꾸는 것은 재능이나 능력이 아니라 담대한 목표다."

기업경영에 관한 또 하나의 바이블로 평가받고 있는 짐 콜린스(Jim Collins)의 『좋은 기업을 넘어 위대한 기업으로』는 2,000페이지의 인터뷰와 6,000건의 논문조사와 3.8억 바이트의 정밀한 데이터를 5년간 1만 5,000시간의 작업시간을 들여 분석한 결과로 세상에 탄생한 책이다.

이 책의 주제는 한 가지였다. "어떻게 위대한 기업들은 그저 좋은 기업에서 위대한 도약을 할 수 있었는가?"라는 것이었다. 그리고 그러한 주제가 되는 질문에 이 책은 확실하고 명백한 대답을 해준다.

대부분의 좋은 기업들이 위대한 기업으로 도약하지 못한 단 하나의 이유는 '위대한 기업으로 도약하고자 하는 담대한 목표가 없기 때문이라고 말한다. 재능이나 능력,

역량 같은 것 때문이 아니라는 사실을 발견한 연구팀들도 놀라지 않을 수 없었다고 나중에 밝히고 있듯이, 이러한 사실은 매우 충격적이고 놀라운 사실이다.

> 좋은 것(good)은 큰 것(great), 거대하고 위대한 것의 적이다. 그리고 거대하고 위대해지는 것이 그토록 드문 이유도 대개는 바로 그 때문이다.
>
> 거대하고 위대한 학교는 없다. 대개의 경우 좋은 학교들이 있기 때문이다. 거대하고 위대한 정부는 없다. 대개의 경우 좋은 정부가 있기 때문이다. 위대한 삶을 사는 사람은 아주 드물다. 대개의 경우 좋은 삶을 사는 것으로 족하기 때문이다. 대다수의 회사들은 위대해지지 않는다. 바로 대부분의 회사들이 제법 좋기 때문이다. 그리고 그것이 그들의 주된 문제점이다.

마찬가지로 위대한 삶을 우리가 살지 못하고 그저 좋은 삶을 살아가는 단 하나의 이유는 '위대한 삶을 살고자 하는 담대한 목표'가 없기 때문이다. 지능이나 재능의 문제는 결코 이유가 되지 못한다는 사실을 명심하자. 짐 콜린스도 위대한 기업을 만들어낸 리더들은 한결같은 공통점이 하나 있다는 사실을 발견했다. 그건 바로 누구도 흉내조차 내지 못할 정도의 '담대한 목표'를 갖고 있었다는 점이다.

이와 마찬가지로, 지금까지 우리가 천재가 되지 못한 단 한 가지 이유는 천재가 되고자 하는 담대한 목표가 없었기 때문이다. 그리고 우리가 이제 의식적으로 우리의 삶을 한 단계 더 높게 도약하고자 한다면 그것보다 더 훌륭하고 가치 있는 일은 없다.

"나는 의식적인 노력으로 자신의 삶을 높이고자 하는 인간의 확실한 능력보다 더 훌륭한 일은 없다고 생각한다."

라고 말한 헨리 데이비드 소로의 말처럼, 우리가 위대한 삶을 살고자 담대한 목표를 가지고 의식적인 노력을 지속한다면, 우리의 삶은 그 자체로도 훌륭한 삶이 된다. 하지만 그러한 담대한 목표를 가지고 있는 사람은 마치 소가 수레를 이끌 듯, 우리를 높은 곳으로 이끌어 가게 되어 있다. 높고 담대한 목표에는 사람으로 하여금 피를 끓게 하고, 포기하지 않고 도전하고, 지속적으로 노력하고 행동하게 하는 마법이 숨어 있기 때문이다.

미국의 위대한 건축가인 대니얼 허드슨 번햄(Daniel Hudson Burnham)은 다음과 같은 명언을 남겼다.

"작은 계획(꿈, 목표)을 세우지 마라. 작은 계획에는 사람의 피를 끓게 하는 마법이 없다. 큰 계획(목표)을 세워라. 희망을 갖고 높은 목표를 정하고 노력하라."

우리가 높고 담대한 목표를 가져야 하는 또 다른 이유가 바로 이것이다. 높고 담대한 목표는 우리로 하여금 피를 끓게 하고, 행동하게 하고, 지칠 줄 모르게 하는 힘의 원천이 되기 때문이다. 평범하게 하루하루를 그저 먹고 살기 위해 일하는 사람과 세계 최고의 작품을 만들고자 일하는 사람은 뼛속부터, 영혼의 깊은 곳부터 다르기 때문이다. 어떤 사람의 삶이 위대한 삶을 살아갈 것 같은가? 전자는 절대 위대한 삶을 살아갈 수 없다. 현실에 매몰되어 가는 삶에서 벗어나기 힘들기 때문이다. 하지만 후자는 현실이 아무리 괴롭고 고통스럽다고 해도 위대한 삶을 살아갈 수 있다. 위대한 목표가 위대한 삶으로 이끌기 때문이다.

미국의 위대한 심리학자인 윌리엄 제임스는 천재성에 대해 다음과 같은 말을 남긴 적이 있다.

"천재성이란 평범하지 않은 방식으로 인지하는 능력일 뿐이다."

그가 남긴 말의 깊은 이해는 세상에 대하여 평범하지 않은 방식으로 인지하는 능력뿐만 아니라, 자기 자신에 대하여도 평범하지 않은 방식으로 인지할 수 있는 능력까지 포함해야 한다. 지금까지는 천재성을 발휘하지 못한 평범한 자기 자신에 대해서도 평범하지 않은 방식으로 자신을 천재로 인지할 수 있는 능력이 바로 천재성이라고 할 수 있을 것이다.

그것은 그렇게 자기 자신의 숨겨진, 그리고 지금까지 한 번도 세상에 나타내 보이지 않았던 자기 자신의 천재성에 대해 남다르게 인지할 수 있을 때, 비로소 피를 끓게 하는 높고 담대한 목표를 가질 수 있기 때문이다.

'왜 우리는 열광하고 그들은 세상을 지배하는가?'라는 질문에 대답해주는 책인 매슈 사이드의 『베스트 플레이어』는 우리에게 베스트 플레이어들은 하나같이 도달할 수 없는 기준(unreachable standard)을 설정하고, 남다른 성취 기준을 갖고 있다는 사실에 대해 잘 말해준다.

베스트 플레이어는 남다른 성취 기준을 갖고 있다. 자기 능력보다 높은 수준의 목표를 설정해놓고 그것을 달성하기 위해 전력투구한다. 이 책의 저자인 매슈 사이드 또한 그냥 오랜 시간 훈련한다고 해서 남다른 경지에 도달할 수 없음을 강조하고 있다. 분명한 목적의식이 있어야만 포기하고 싶을 때 계속해서 나아가라고 자신을 다독일 수 있기 때문이다.

이처럼 천재적인 도약을 하여, 천재가 된 베스트 플레이어들은 남들이 한계라고 생각하는 바로 그 지점을 목표로 삼는다. 그래서 누구도 도전할 수 없다고 생각하는 금지된 영역에 도전하고 전대미문의 최고로 발돋움하는 것이다. 그런 점에서 위대한 도약을 위해 가장 중요한 것은 아무도 생각하지 못하는 높고 담대한 목표다.

전대미문의 성과는 전대미문의 목표에서 비롯된다. 남들이 도저히 엄두도 내지 못하는 높은 기준과 목표를 가지는 것이 천재로 도약하는 첫 번째 길이다.

상상도 못 할 정도의

생산성을 가지고 있었다

1%의 법칙의 천재들뿐만 아니라, 지금 우리 시대에서, 어떤 분야에서건 대가로 인정을 받고 있고, 일가를 이룬 사람들의 공통점은 그들은 보통 사람들을 뛰어넘을 정도로 많은 양의 일을 하고 있다는 것이다.

몇 년 전 인천 송도에서 열린 '펜타포트 록 페스티벌'에 대한 신문 기사를 읽은 적이 있다. 그런데 이 기사의 제목이 범상치 않았다. 그 기사의 제목은 이것이다.

'나쁜 곡 많이 써야 좋은 곡 나와.'

이 제목의 글귀가 내를 사로잡았던 것이다. 나의 집필 원칙 중 하나인 '무조건 쓰고, 또 쓰고, 오늘 쓰고, 내일 또 쓴다'라는 것보다 좀 더 한 차원 높은 내공이 느껴지는 강력한 말이기 때문이었다. 다음은 기사 일부다.

지난달 말 진흙탕과 땡볕이 교차된 인천 송도의 '펜타포트 록 페스티벌'에서 관객들의 체수분을 쏙 뽑아놓은 밴드 1위가 미국의 '가십'이었다면 눈물 글썽이도록 감동적인 무대는 영국 브릿팝 밴드 '트래비스'였다. 이들이 〈싱(sing)〉, 〈클로저(Closer)〉, 〈와이 더즈 잇 올웨이즈 레인 온 미(Why does it always rain on me)〉를 부를 때 거의 모든 관객들이 가사를 외워 따라 부르는 장면은 오아시스, 뮤즈 내한 공연 이후 최대의 감동을 끌어냈다. ......

"밴드를 시작하고 싶은 사람들에게 해주고 싶은 말이 있다면?"

"곡을 많이 써야 합니다. 나쁜 곡을 많이 써야 좋은 곡이 나옵니다. 작은 고기를 많이 잡다가 결국 고래를 잡게 되는 것이죠.

바로 이것이었다. 작은 고기를 많이 잡다가 보면, 고래도 잡을 수 있고, 상상도 못 한 것들도 잡을 수 있다는 것이다. 바로 이것이 양에서 질이 창출된다는 저자의 지론이다. 이러한 사실은 결국 천재들은 많은 양의 작품들을 남긴 경우가 많다는 사실에 또 한 번 우리로 하여금 그 사실을 확신하게 해준다.

앞에서 언급했듯이 피카소는 성년이 된 이후 평균적으로 하루에 하나의 작품을 그릴 만큼 생산성이 뛰어났다. 그 결과 그는 5만여 점의 작품을 세상에 남긴 다작가다. 그리고 모차르트 역시 평생 626곡이나 되는 엄청난 양을 작곡했다. 프로이트 역시 매년 10여 편의 논문을 써낼 정도로 다작가였다. 그 결과 거는 수십 권의 저서와 650편의 논문을 발표한 학자가 되었다.

스티븐 킹 같은 경우에는 일주일 만에 책 한 권을 다 썼던 적도 있다. 그 책 제목이 『런닝맨(The Running Man)』이다. 찰스 다윈도 119편의 논문과 방대한 양의 자료와 메모를 남겼다. 세스 고딘도 100권 이상의 책을 출간했고, 지금도 하고 있다. 아인슈타인은 1905년 한 해 동안에만 발표한 논문의 수가 25편이다.

빈센트 반 고흐는 매우 극적이다. 생산성이 그가 생을 마감하기 직전 3년 동안 폭발했기 때문이다. 그가 남긴 작품 수는 총 2,000여 점인데, 그의 생애에서 마지막 3년을 전후로 하여 대부분의 작품이 탄생되었다.

물론 천재들이나 거장이라고 해서 무조건 다작가인 것은 아니다. 하지만 그들 모두 발표하지 않은 작품들이 그들의 집 어느 한구석에 숨어 있을 수도 있다는 점을 간과해서는 안 된다. 그 예로 톨스토이의 방 안에는 발표되지 않은 엄청난 양의 작품들이 쌓여 있었다.

현존하는 천재 중의 천재라고 할 수 있는 빌 게이츠도 이와 비슷한 사례가 있다. 그와 관련된 매우 재미있는 일화 중 하나인데, 그가 중학교에 다닐 때의 일이었다. 빌 게이츠는 숙제를 하기 위해 작문을 했는데, 30여 페이지에 달하는 작문을 하게 되었다고 한다. 그런데 문제는 그 작문 숙제는 5페이지짜리 작문 숙제라는 것이다. 그뿐 아니라, 또 한 번은 20페이지를 넘지 않는 소설을 쓰는 숙제가 있었는데, 빌 게이츠는 100페이지가 넘는 글을 거침없이 썼다고 한다. 천재들은 이처럼 유난히 생산성이 높은 것이다.

도스토옙스키는 감옥행을 피하고자 2주 만에 소설을 써내기도 했다고 한다. 그 책 제목이 『도박사』(1866)다. 빅터 프랭클은 전 세계적으로 베스트셀러가 된 『죽음의 수용소』를 3주 만에 썼다. 그뿐 아니라, 위대한 거장 중에는 매우 많은 나이에도 여전히 생산성을 과시하는 경우가 많다.

위대한 인상주의 화가 클로드 모네(Claude Monet)는 80세에도 여전히 하루에 12시간씩 일하면서 명작을 남겼다. 80세에 12시간씩 일한다는 것은 매우 놀라운 체력과 정신력과 일에 대한 열정이 받쳐 주어야 한다. 보통 사람이라면 한창 일할 나이에도 12시간씩 매일 일하기가 쉽지만은 않을 것이다. 그런 점에서 위대한 거장이 되는 길은 80세의 나이에도 12시간씩 일하면 많은 양의 작품을 창작하는 데 있음을 또 한 번 확인하게 된다. 그의 놀라운 점은 그가 시력을 거의 다 잃을 때까지도 그림을 그리고 생산적인 활동을 중단하지 않았다는 점이다. 우리는 그로부터 불굴의 정신을 배워야 할 것 같다.

인상주의 이후 최고의 화가라고 할 수 있는 파블로 피카소에 대해서도 앞에서 언급했듯이, 그는 90세가 넘어 눈을 감을 때까지 생산적인 활동을 그만두지 않았다. 그리고 더욱더 놀라운 사실은 거의 말년의 나이에 새로운 형식의 유파를 개척하기까지 했다는 것이다. 새로운 형식의 유파를 개척하려면 한두 작품으로는 도저히 불가능하다는 사실을 우리는 미루어 짐작할 수 있다. 그가 말년의 나이에도 얼마나 많은 작품을 창작했는지 미루어 짐작해볼 수 있다.

우리가 천재들과 거장들에게 배워야 할 것 중 하나는 끊임없이 생산적인 활동을 한다는 사실이다.

# 세상의 칭찬에도, 비난에도,

# 절대 흔들리지 않았다

인류 역사상 위대한 작품이나 업적들은 모두 시련과 역경을 훌륭하게 극복해내고 나서 만들어졌다는 사실에서, 천재가 되려면 세상이 주는 시련과 역경에 절대 흔들리지 말아야 한다.

　위대한 역사학자인 아놀드 토인비(A.J.Toynbee)는 『역사의 연구』에서 인류 문명이 발단한 이치는 한마디로 '도전과 응전의 과정'이라고 주장했다. 인류 문명이 발달한 지역을 보면 환경이 좋은 곳이 아니라, 오히려 시련과 역경이 숨어 있는 혹독한 환경을 주는 장소들이라고 그는 주장한다. 인류역사상 찬란한 문화를 꽃피운 문명 중에서 지금도 건재한 곳은 자연재해나 외세의 침략과 같은 시련과 도전을 받은 문명이고, 오히려 자연재해나 외세의 침략과 같은 시련과 도전이 없었던 잉카문명, 마야문명, 메소포타미아 문명 등은 흔적도 없이 인류사에서 사라졌다는 것이다. 이렇게 시련과 역경이 없었던 문명들은 하나같이 스스로 멸망해버렸던 것이다.

　그뿐 아니라, 시련과 역경이 없을 때는 인간은 안주해버리기 쉽고, 자신의 잠재능력을 100% 이상 발휘해야 할 그 어떤 필요성도 느끼지 못한다. 자신의 잠재력을 뛰어넘어 발휘하려면 각고의 노력과 훈련이 필요하기 때문이다. 어느 정도 성공을 하고, 어느 정도 좋은 삶을 살게 되면 우리는 그것에 만족하며, 그것에 안주해버리고 만다. 그런 점에서 인류사에서 위대한 천재들을 만든 것이 때로는 시련과 역경이었다는 사실에 대해 이해할 수 있다.

중국의 역사를 기록한 『사기』의 저자이며, 중국 최고의 역사가로 칭송되고 있는 사마천이 그러한 업적을 남길 수 있었던 것은 그가 억울한 누명을 쓰고, 궁형이라는 비참한 형을 당하는 시련과 역경을 겪었기 때문이다. 그가 그런 치욕스런 형벌을 당하지 않았다면, 지금 우리가 접하게 되는 중국 최고의 역사서라는 평가를 받고 있는 그런 『사기』를 접할 수 없었을 것이다.

사마천으로 하여금 인간의 심리를 꿰뚫어볼 수 있는 통찰력과 혜안을 준 것은 바로 그의 비참한 형벌과 그로 말미암은 아픔이었다고 생각하기 때문이다. 그는 깨끗하게 사형을 선택하여 죽을 수도 있었지만, 구차하게 목숨을 구걸하는 궁형을 선택하여, 『사기』를 집필하고자 했다. 그러한 시련과 역경 속에서 사마천은 중국 최고의 역사가로 도약한 것이다.

"바른 역사를 기록해 후세에 길이 전하는 것이 나의 사명이고, 그 사명을 다하기 전엔 결코 죽을 수 없다."

그가 사형이 아닌 궁형을 선택하여, 비참한 삶을 선택하면서까지 살아남은 이유이다. 그는 자신처럼 시련과 역경을 통해 위대한 업적을 남긴 이들에 대해 다음과 같이 말하기도 했다.

> 옛날 주나라 문왕(文王)은 유리에 갇혀 있었기 때문에(분기함으로써) 『주역(周易)』을 풀이할 수 있었고, 공자(孔子)는 진나라와 채나라 사이에서 오도 가도 못하는 고난을 겪었기 때문에 『춘추』를 지었으며, 굴원(屈原)은 초나라에서 강남으로 쫓겨나는 신세가 되어 『이소(離騷)』를 지었고, 좌구명(左丘明)은 눈이 먼 다음에도 국어(國語)를 남겼다. 손빈(손자)은 다리를 잘림으로써 『병법(병법)』을 찬술하였고, 여불위(여불위)는 촉나라로 귀양 가는 바람에 『여씨춘추』를 전했으며, 시 300편은 대체로 현인과 성자들이 고난 속에서 발분하여 지은 것이다.

사마천은 궁형의 치욕과 아픔을 통해, 요순시대부터 한 무제까지 2천 년 동안의 중국 역사를 기록함으로써, 역사 기록의 전범(典範)으로 꼽히는 『사기』의 저자가 될 수 있었다. 이처럼 시련과 역경이 있었기에, 인간은 자신의 능력을 100% 이상 발휘해내어, 큰 업적을 달성해 낸다. 이러한 경우는 중국뿐만 아니라, 서양에도 많이 있음을 알 수 있다.

로마시대에 쓰인 책으로 수많은 사람에게 많은 영향을 끼친 책 중 하나인 『철학의 위안』은 오랜 기간 여러 언어로 번역될 만큼 역사적, 철학적으로 매우 가치 있는 책이다. 그런데 이 책이 쓰인 장소는 사형수가 사형 집행을 당하기 직전에 머물러 있던 감옥의 독방이었다. 이 책의 저자는 로마 귀족이며, 정치가인 보에티우스였다. 그는 당시 모든 권력과 부를 가지고 있었던 인물이었는데, 하루아침에 정적의 모함으로 사형수가 되어, 인생을 마감할 날만을 기다려야 하는 신세로 전락하게 되는 인생의 가장 큰 시련을 겪게 되었다.

로마 시민이 모두 부러워할 만큼 훌륭한 가정이 있었고, 최고의 교육을 받았고, 최고의 권력을 가지고 있었던 귀족층이었고, 전도유망한 정치가였다. 이런 사람이 하루아침에 억울한 모함을 당해서 모든 것을 뺏기고, 사형수가 되어, 독방에 갇히게 되었던 것이다. 이러한 엄청난 시련과 아픔과 분노와 억울함이 그로 하여금, 위대한 책을 쓸 수 있게 해주었던 것이다.

이처럼 감옥 속에서 위대한 책을 집필한 사람으로는 존 번연(John Bunyan)이 있다. 그는 고전 중의 고전인 『천로역정』을 얼음장 같은 감옥 속에서 집필했다. 우리가 잘 알고 있는 『로빈슨 크루소』도 대니얼 디포가 감옥에서 쓴 작품이다. 그뿐 아니라, 시각장애자였던 밀턴과 호머는 『실낙원』과 『오디세이』를 각각 썼다.

존 밀턴(John Milton)은 1652년 43세의 나이에 시력을 잃게 되었다. 뛰어난 작가로서 앞날이 창창하던 사람이 실명을 하게 되었기에 그 고통과 좌절은 더욱 심했을 것이다. 설상가상으로 전 재산이 몰수당하고, 감옥에 투옥되는 시련도 겪게 되었다. 이런 상황에서 밀턴은 매일 4시에 기상해서 한자 한자 써내려갔다. 실명 상태에서 빨리 글을 쓰는 것은 불가능했고, 글을 쓴다는 것 자체만도 대단한 것이었다. 그는 10년 이상 각고의 노력을 기울여, 불후의 명작인 『실낙원』을 출간하게 되었다.

시련과 역경은 사람의 숨은 재능을 더욱더 드러나게 해주는 도구가 될 뿐이다. 밀턴은 다음과 같은 말을 통해, 정말 불쌍한 것은 나약함이지, 시련이 아니라고 말한다.

"실명이 비참한 것이 아니라, 실명을 이겨낼 수 없는 나약함이 비참한 것이다."

시련과 역경이 있었기에 위대한 작품을 만들 수 있었던 사람도 있다. 바로『성냥팔이 소녀』의 작가인 한스 크리스티안 안데르센이다. 덴마크의 동화작가이자 소설가인 그의 작품은 150개가 넘는 언어로 번역되었다. 그가 쓴 작품은 수많은 영화와 연극과 발레와 애니메이션이 탄생하는 필요한 영감을 제공해주었다. 그런데 그가 위대한 작가가 될 수 있었던 것은 재능이나 능력이 아니라, 시련과 역경 즉 가난과 따돌림과 놀림이었다.

　"내가 처절하게 가난하지 않았다면『성냥팔이 소녀』를 쓸 수 없었을 것이며, 내가 못 생겨서 무수히 놀림을 받지 않았으면,『미운 오리새끼』를 쓸 수 없었을 것이다."

　안데르센은 몹시도 가난했고, 너무도 못난 외모를 가지고 태어났고, 심지어 술주정뱅이 아빠를 만나서 엄청나게 불행한 어린 시절을 살아야 했다. 하지만 이러한 시련과 역경은 오히려 그에게 좋은 글의 재료와 영감을 제공해주는 좋은 환경으로 반전되었다. 이처럼 시련과 역경은 천재들의 길을 막을 수 없다. 그뿐 아니라 천재들에게 시련과 역경은 천재들이 가고자 하는 길을 걸어갈 수 있도록 도와주는 도구가 된다. 바람이 세차게 불면 연을 더 높이 날릴 수 있듯이, 배가 더 빨리 갈 수 있듯이 말이다.

인간의 의지보다 더 강한 것은 이 세상에 존재하지 않는다. 베토벤은 청력을 완전히 잃어버린 후에 자살을 결심하고 유서까지 작성했다. 음악가에게 사형 선고나 다름없는 큰 시련과 역경이었다. 하지만 그는 청각장애라는 시련을 통해, 더욱더 위대한 곡을 작곡해낼 수 있었다. 그는 그 유명한 교향곡 제9번 '합창' 교향곡을 작곡하기도 했다. 이것은 그가 청각장애인이 된 이후에 가장 훌륭한 교향곡을 작곡한 것이다. 그에게 시련이 없었다면 우리는 그의 최고의 작품을 감상할 수 없었을지도 모른다.

중요한 사실은 천재들과 거장들은 세상의 시련과 역경을 통해 좌초하지 않는다는 사실이다. 시련과 역경이 왔을 때, 그 자리에 주저앉지 않고, 오히려 더 분발하여 앞으로 나아가는 사람들이 바로 천재들이고, 거장들이다. 그런 점에서 진짜 천재들은 재능이 있는 나약한 사람들이 아니라, 재능이 좀 부족해도 강인한 사람들이고, 담대한 사람들이라고 말할 수 있다.

**엄청난 양의**

**지식, 경험, 독서의**

**인풋이 있었다**

옛말에 이러한 사실을 말해주는 말들이 적지 않음을 알 수 있다.

가령 중국 최고의 시정이라 불렸던 두보는 다음과 같은 말을 남겼다.

"만 권의 책을 읽고 글을 쓰려고 붓을 들면 마치 신 들린 듯 글이 써진다(讀書破萬卷 下筆如有神)."

이 말은 우리가 엄청난 양의 독서를 하게 되면, 저절로 글이 써진다는 것이다. 저절로 글이 써지는 것뿐만 아니라, 마치 글 쓰는 재주가 신의 경지에 이른 것 같이 된다는 것이다. 이렇게 엄청난 양의 인풋이 바로 엄청난 양의 아웃풋으로 이어진다. 그러므로 엄청난 양의 창작 활동을 하는 사람들을 살펴보면 남들보다 훨씬 많은 양의 경험과 지식과 독서와 여행을 했던 사람임을 알 수 있다.

중국의 대표적인 역사서인 사기의 저자인 사마천이 그토록 위대한 역사서를 쓸 수 있었던 것도 그가 여행을 많이 다니면서 듣고 보고 배운 것이 많았기 때문이다. 그리고 그는 궁형이라는 처절한 경험을 통해 남들이 느끼고 생각하지 못했던 부분도 경험하게 됨으로써 놀라운 책이 탄생하게 되었다는 사실을 우리는 알 수 있다.

도스토옙스키, 헤밍웨이 그리고 셰익스피어와 같은 대문호들은 모두 남들보다 훨씬 많은 다양한 인생 경험을 했던 인물들이다.

추사 김정희 역시 두보와 비슷한 말을 했다.

"만 권의 책을 읽으면 그림과 글이 저절로 나온다."

그의 말처럼 우리가 만 권이나 되는 엄청난 양의 독서를 통해 간접 경험을 쌓으면, 저절로 글을 잘 쓰는 작가가 될 수 있다.

중국 명말, 청초의 사상가였던 고염무(顧炎武)는 "만 권의 책을 읽고 만 리 길을 다녀라(讀書萬卷 行萬里路)"라는 천고의 명언을 남겼다. 그는 누구보다 이 세상을 위해 쓸모 있는 공부를 강조한 사람이었는데, 그의 이 말은 사람에게는 무엇보다 경험이 중요하다는 사실을 강조하고 있는 말이다. 경험을 통해 사람의 의식과 사고의 수준이 높아지고 향상됨을 이르는 말이다.

이처럼 아무리 필력이 있고 재주가 있는 작가나 화가라도 세상에 대한 경험이 풍부하지 못하다면 자신이 표현해내는 글이나 그림은 매우 제한적이고 협소한 우물 안 개구리와 같은 작품에 그칠 수밖에 없을 것이다.

우리가 간과해서는 안 되는 이유가 바로 이것이다. 경험이나 독서, 여행을 충분하게 많이 하지 않고서 그 어떤 것도 하려고 해서는 안 된다. 경험이 부족한 사람만큼 불쌍한 사람이 또 있을까?

여행을 갈 형편과 처지가 못 된다면, 독서라도 많이 해야 한다. 독서를 충분히 많이 하는 사람은 말을 해보면 다르다. 인풋의 수준이 높기 때문이다. 소크라테스는 이런 사실에 대해 다음과 같은 말을 남겼다.

"다른 사람의 책을 많이 읽어라. 독서는 남이 고생한 것을 가지고 쉽게 자기 발전을 이룰 수 있는 가장 좋은 방법이다."

자기 발전을 이룰 수 있는 가장 쉽고 좋은 방법이 독서라는 사실을 소크라테스도 잘 알고 있었던 것이다. 수많은 위인 중에 독서를 많이 하지 않은 사람은 찾아보기 힘든 이유가 바로 이것이다. 심지어 주식 투자를 잘하기 위해서도, 발명을 잘하기 위해서도, 천재가 되기 위해서도 독서는 가장 필수적인 요소가 아닐 수 없다.

여행이든 경험이든 독서든 엄청난 인풋이 있어야 하는 이유는 창의적 인물이 되고, 천재가 되려면 반드시 전문적이고도 폭넓은 관련 지식이 뒷받침되어야 하기 때문이다. 그러한 관련 지식 위에 창조적 사고와 꾸준함과 끈기가 더해지면 위대한 작품이나 성과가 창출된다.

『창의성의 즐거움』이란 책에서 미하이 칙센트미하이는 창조적인 사람의 요건으로 세 가지를 주장하는데, 그 세 가지 중 하나가 바로 전문지식이다. 그는 전문지식과 더불어 창조적 사고와 몰입능력을 창조적인 사람의 세 가지 요건으로 들고 있다. 그가 말한 대로, 전문지식은 엄청난 양의 인풋을 통해 얻을 수밖에 없다. 창조적 사고와 몰입능력은 공부를 많이 하고, 경험을 많이 쌓고, 독서를 폭넓게 하지 않아도 가능하다고 할 수도 있지만, 전문 지식은 반드시 엄청난 양의 인풋이 있어야 가능하다. 이런 점에서 엄청난 양의 지식과 경험, 독서의 인풋은 천재가 되기 위해 가장 우선시되어야 할 조건인 셈이다.

이러한 풍부한 책들을 접한 이들은 엄청난 인풋을 쉽게 할 수 있었고, 그 결과 의식과 사고의 빅뱅이 자신의 머리에서 일어나게 되었다. 그 결과 의식과 사고의 차원이 한 단계 상승하는 의식의 임계점을 돌파해버린 것이다.

천재가 되기 위해서 엄청난 양의 인풋이 필요한 또 다른 이유는 폭넓고 다양한 분야의 인풋을 통해 또 다른 새로운 것이 창출될 수 있기 때문이다. 이것은 바로 창의성의 증폭으로 이어진다. 현대에 들어와서야 에드워드 윌슨의 『통섭: 지식의 대통합』이란 책이 최재천 교수를 통해 국내에 소개되어 여러 학문이 분야를 뛰어넘어 통합될 때 더 큰 학문으로 발전할 수 있다는 개념에 대해 익숙해졌다. 하지만 과거의 천재들은 모두 이러한 통섭의 원리를 알게 모르게 실천했던 인물들이다.

프로이트는 생리학과 심리학을 연결하여 보다 나은 학문의 경지에 나아갔던 것이고, 다윈은 지질학과 생물학을 연결하였기에 진화론의 결정적인 증거와 근거를 발견해낼 수 있었던 것이다. 그리고 레오나르도 다빈치가 세계적인 천재가 될 수 있었던 근본적인 원인은 한 분야에만 천착하지 않았기 때문이다. 그는 다양한 분야의 학문에 대해 무한정으로 지식을 인풋시켰기에 다양한 분야에서 천재적인 성과를 창출해낼 수 있었던 것이다.

우리 선조 중에도 엄청난 양의 지식과 독서의 인풋을 통해 천재로 거듭난 사람이 있다. 바로 백곡(栢谷) 김득신(金得臣) 선생이다. 그의 삶을 살펴보면 엄청난 양의 지식과 독서의 인풋이 얼마나 큰 위력을 발휘해내는지에 대해 확실하게 알 수 있다. 그는 어릴 적 우둔하다고 놀림을 받을 정도로 평균 이하의 지능의 사람이었다.

그가 얼마나 저능아였는지 알려 주는 사실은 그는 열 살에 겨우 글을 배우기 시작했는데, 주위에서 재능이 없는 아들은 일찌감치 포기하는 것이 낫다고 수군거렸다는 사실이다. 그는 나이 스물이 되어서야 겨우 작문을 할 수 있을 정도로 능력이 뒤떨어지는 인물이었다. 하지만 백곡 선생은 엄청난 양의 독서를 하고, 필사(筆寫)를 통해 방대한 양의 지식과 독서 경험을 인풋하기 시작했다.

그는 특별히 만 번 이상 읽은 책들만을 필사하여 『독수기(讀數記)』라는 책을 쓰기도 했다. 그 책을 보면, 『사기』의 〈백이전(伯夷傳)〉을 무려 1억 1만 3,000번이나 읽고 또 읽었다고 기록되어 있다. 당시에 1억을 10만이라 하였으므로, 아무리 못해도 십만 번 이상을 읽었다는 것이다.

그가 얼마나 엄청난 양의 인풋을 하기 위해 노력하고 또 노력했는지 우리는 이러한 사실을 통해 알 수 있다. 그의 서재의 이름이 '억만재億萬齋'라는 사실을 통해, 그가 글을 읽을 때 1만 번이 넘지 않으면 멈추지 않았다는 사실을 또한 알 수 있다.

이러한 엄청난 양의 지식과 독서의 인풋을 통해 백곡 선생은 59세에 문과에 급제할 정도로 뛰어난 인물로 거듭날 수 있었고, 조선시대 최고의 시인으로 평가받는 천재가 될 수 있었던 것이다.

그의 묘비명에 그가 남긴 글귀를 통해 우리는 그가 타고난 천재가 아니라 스스로 만들어진 천재라는 사실을 알 수 있다.

"재주가 남만 못 하다고 스스로 한계를 짓지 마라. 나보다 어리석고 둔한 사람도 없겠지만 결국에는 이룸이 있었다. 모든 것은 힘쓰는 데 달렸을 따름이다."

백곡 선생처럼 엄청난 독서를 통해 의식과 사고의 임계점을 돌파하여 천재가 된 사람들은 수도 없이 많다. 그중 몇 명을 거론하자면, 에디슨, 아인슈타인, 처칠, 빌 게이츠, 워런 버핏, 오프라 윈프리, 조지 소로스 등인데, 작정하고 거론하자면 끝이 없을 것이다.

# 놀라운 추진력과

# 확고한 결단력이 있었다

1%의 법칙의 천재들에게서 발견할 수 있는 공통점 중 하나는 아무리 힘들고 어렵게 보이는 태산이 눈앞에 놓여 있다 해도 아무 배경도 없이, 아무 준비도 없이, 아무것도 없이 무작정 달라붙어 헌신적으로 해내는 경향이 있다는 점이다.

"대학에서 창작을 공부하는 젊은이들은 어떤 일에서 성공하기 위해서는 누구나 엄청난 양의 일을 해내야 한다는 사실을 깨닫지 못한다. 세상에서 이루어지는 괄목할 만한 모든 업적은 눈앞에 닥친 큰일을 무작정(unstintingly) 달라붙어 해내는 헌신적인 사람들만이 성취한다."

2차 세계 대전에 종군한 경험을 토대로 삼아 쓴 『남태평양 이야기』 때문에 1948년도에 퓰리처상을 받은 미국의 작가 제임스 미처너(James Albert Michener)가 한 말이다. 그가 한 말 중 핵심은 'unstintingly'다. '아까워하지 않고, 아낌없이'라는 뜻이다.

자신의 노력이나 열정, 헌신, 능력, 수고 등을 아까워하지 않고, 아낌없이 쏟아부어 끝까지 해내는 그러한 근성을 말한다. 그래서 강한 자나 천재들은 망설이지 않고,

목표를 향해, 종착지를 향해 뚜벅뚜벅 걸어가는 모습을 우리는 쉽게 상상할 수 있다. 이러한 사실을 19세기 후반 프랑스의 소설가이자 극작가인 쥘 르나르(Jules Renard)는 다음과 같이 표현했다.

"강한 자는 망설이지 않는다. 굳건히 자리를 잡고, 땀을 흘리며, 끝을 향해 나아간다. 잉크를 다 써서 없애고, 종이를 모두 써버린다."

바로 이것이 천재들에게는 쉽게 찾아볼 수 있는 하나의 공통된 모습이다.

이러한 사실을 우리는 빈센트 반 고흐를 통해 알 수 있다. 이러한 사실을 잘 말해주고 있는 부분을 살펴보자.

반 고흐를 예로 들어보자. 그는 목사 임용을 거부당한 후 화가의 길로 접어들기 위해 앞으로 그릴 그림들을 상상해보았다. 그때까지만 해도 그림들은 머릿속에서만 존재했을 뿐, 그에게는 캔버스 위에서 실제로 표현할 능력이 거의 없었다. 이때 고흐기 작품의 이미지를 머릿속으로만 상상하다가 '에이! 수건쪼가리에나 그려본 다음 내던지면 그만인 이미지야'라고 혼자 쓸쓸히 불평하고서 포기해버렸다면 어떻게 됐을까? 우리는 결코 그의 멋진 그림들을 만날 수 없었을 것이다. 하지만 그는 다른 길을 택했다.

(무작정) 열심히 노력하는 길 말이다. 여러 달 동안 부단히 연습한 끝에 머릿속 이미지를 실제작품으로 바꿔놓을 붓놀림 실력을 길렀다. 그는 먼저 편백나무를 그리는 연습을 했고, 이어 고사리, 포플러, 수선화 등을 그리는 연습을 했다. 그러면서 항상 생산적인 방법이 무엇일까를 고민했다. 붓놀림 실력이 제법 갖춰졌다는 생각이 들자, 본격적인 작품 활동을 시작했고, 오늘날 전 세계가 그 결과를 알고 있다.

(에릭 메이슬·앤 마이절, 『뇌내 폭풍』)

빈센트 반 고흐는 미술에 대해 제대로 된 전문적인 교육이나 훈련도 전혀 받지 않았다. 그는 무작정 도전했고, 자신만의 길을 개척해 나갔다. 그는 생전에 당연히 아무도 인정해주지 않았다. 그는 아무리 해도 팔리지 않는 물건 같은 작품들을 수도 없이 쏟아냈다.

누가 봐도 무도한 것이었다. 하지만 그는 위대한 화가로 평가받았을 뿐만 아니라 그가 남긴 작품들은 매우 높게 평가받고 있다.

생각해보라. 자신이 인생을 걸고 그린 작품들이 아무런 평가도 얻지 못하고 도무지 팔리지도 않는다면, 또다시 그림을 그리기 위해 붓을 들 용기와 희망이 생기겠는가? 천재들의 위대함은 바로 이러한 도전과 불굴의 정신에 있다. 그는 아무도 알아주지 않아도 붓을 들고 방대한 양의 작품들을 쏟아 냈다. 누가 시킨 것도, 주문한 것도, 예약한 것도 아니지만, 아무 기약도 없는 작품들을 수천 점 쏟아 냈던 것이다. 바로 이러한 생산성과 창작 활동이 대가를 만들고, 천재로 거듭나게 하는 것이다.

결국 천재를 만드는 것은 놀라운 추진력과 엄청난 노력이라고 할 수 있다. 이러한 사실에 대해 잘 말해주는 사람이 있다. 그 사람은 동기부여 분야에서 선구자이며 컨설턴트이자 경영전략가였던 스티븐 쉬프만이다. 그는 『점심 전에 시작하라』라는 책을 통해서 최정상의 예술가나 학자들, 운동선수에 대해 그들의 성공비결은 타고난 재능이 아니라, 추진력과 결단력이라고 말했다.

성공한 사람에 대한 나의 정의는 이렇다. (…) 정상의 예술가, 운동선수, 그리고 학자에 대한 5년간의 조사 결

과, 그들이 거둔 놀라운 성공의 비결은 타고난 재능이
아니라 추진력과 결단력이었다.

시카고 대학의 교육학 교수인 벤저민 블룸은 이렇게 말
했다.

"선천적인 재능에 관한 이야기가 될 것으로 예상했습니
다. 하지만 그런 요소는 발견할 수 없었습니다. 그들의
어머니들은 오히려 다른 형제가 재능이 더 뛰어났다고
말했습니다. 뛰어난 수학자들은 학창시절 종종 학교에
서 문제를 일으켰고, 학급에서 1등을 해본 적도 없다고
합니다."

조사에 참여한 사람들은 피아니스트가 되고 싶은 목표
를 달성하기 위해 매일 열 시간씩 연습했던 아이를 비롯
해 무서운 추진력과 헌신적인 노력에 관한 많은 사례를
보았다. 한 아이는 올림픽 수영팀에 선발되고자 하는 목
표를 위해 5시 반에 일어나 등교 전에 두 시간 연습하고
하교 후에도 두 시간 연습했다고 말했다.

여기서 확실히 알 수 있듯이, 천재로 도약하게 하는 것
은 타고난 재능이 아니라, 추진력과 결단력, 그리고 헌신
적인 노력이다.

보이지 않는 곳에서

남들보다 백 배 더 노력하고

인내했다

천재와 세계 최고의 작품은 노력하고 인내하는 자의 몫이다. 하지만 남들과 똑같은 창작 활동을 하면서 인내하는 정도로는 부족하다는 점도 알아야 한다. 남들의 창작 활동을 뛰어넘는 엄청난 양의 창작 활동이 밑바탕 되어주는 인내여야 한다는 점이다. 그래서 어떤 점에서 '천재란 인내하는 자'라고 말한 톨스토이의 말은 매우 정확한 표현이 아닐 수 없다. 1%의 법칙을 통해 확실하게 알 수 있는 사실 한 가지는 천재는 지속적인 훈련과 습관으로 탄생한다는 사실이다.

"탁월함은 훈련과 습관이 만들어낸 작품이다. 탁월한 사람이라서 올바르게 행동하는 것이 아니라, 올바르게 행동하므로 탁월한 사람이 되는 것이다. 자신의 모습은 습관이 만든다."라고 말한 아리스토텔레스의 말은 허투루 한 말이 아님을 알 수 있다. 훈련과 노력을 통해 탁월한 작품은 만들어진다는 사실은 진리 중의 진리다.

우리는 모두 평등하게 태어나지만, 천재가 된 사람들은 남들보다 백 배 더 노력하는 습관을 가진 사람들이고, 백 배 더 노력한 결과 완전히 다른 사람으로 성장할 수 있게 된 것이다. 공자도 그런 부류의 사람임을 그의 말을 통해 알 수 있다.

"인간은, 천성은 서로 비슷하지만 습관에 의해서 완전히 달라진다."

논어(論語)의 양화편(陽貨篇)에 나오는 공자의 말이다. 천재란 타고난 재능이 아니라, 남들보다 백 배 더 노력한 사람들을 뜻한다. 그 이상도, 그 이하도 아니다. 우리는 위대한 천재 중에서 노력 없이 천재라는 명성을 얻은 사람을 단 한 명도 찾을 수 없다. 어떤 분야에서든 정상에 오른 이들은 재능보다도 압도적인 연습과 훈련을 거듭한 사람들이었다.

맬컴 글래드웰은 그의 저서 『아웃라이어(Outliers)』에서 이러한 사실을 더욱 구체적으로 분석했다. 그는 세계적인 성공을 거둔 상위 1%의 인물들이 어떻게 만들어졌는지 연구하며, 그들의 성공 뒤에는 우리가 보지 못한 '특별한 기회'와 '역사·문화적 유산의 영향'이 있었음을 밝혀냈다. 그러나 그 모든 요소를 뛰어넘어 그들이 세계적인 대가가 될 수 있었던 가장 결정적인 요인은 바로 '엄청난 양의 연습과 훈련'이었다. 그는 "어떤 분야에서든 세계적인 수준에 오르기 위해서는 최소한 1만 시간의 연습이 필요하다."고 주장했다.

1만 시간. 단순한 숫자가 아니다. 매일 3시간씩 꾸준히 연습해도 10년이 걸리는 시간이다. 이 시간을 채운 사람만이 결국 타의 추종을 불허하는 경지에 도달할 수 있었다. 그것이 바로 우리가 '천재'라 부르는 사람들의 비밀이었다. 남들보다 백 배 더 노력한 사람, 그들이 바로 천재였다.

　이 사실을 이 책을 통해 철저하게 파헤치고 분석하고 12명의 위대한 천재들의 삶 속에 파고들어 밝혀낸 것이 바로 이러한 사실이다.

　"위대한 성과를 내고, 둔재를 천재로 만드는 것은 끝까지 지속하는 끈기를 통한 엄청난 창작뿐이다. 엄청난 양의 작품을 만들어라. 그러면 누구라도 세계적인 걸작을 만들 수 있고, 쓸 수 있다."


　프랑스의 수학자이자 철학자인 앙리 푸앵카레는 뛰어난 영감이란 결코 우연히 찾아오는 것이 아니며, 반드시 일정한 시간 동안의 의식적인 노력이 선행되어야 한다고 말했다.

　"남들이 생각하지 못하는 뛰어난 영감은 일정한 시간을 거쳐 의식적인 노력이 있어야만 얻을 수 있다. 이런 과정이 없다면 기계는 작동하지 못하고 어떠한 것도 생산해낼 수 없다.”

『노인과 바다』의 저자인 어니스트 헤밍웨이 역시 노인과 바다를 완성하기 위해 200번이나 고쳐 썼다고 한다. 글을 잘 쓴다는 것은 결국 노력에 상응하는 것이라고 그는 말한다.
　“글을 잘 쓴다는 것은 고통스러운 노력이 필요하다.”

　무엇보다도 그의 말은 진리일 것이다. 고통스러운 노력이 없이 좋은 책은 만들어지지 않기 때문이다. 고통스러운 노력과 연습과 훈련 없이 세계적인 선수가 된 사람을 우리는 찾아볼 수 없다. 고통스러운 노력과 연습과 훈련 없이 천재로 도약한 사람을 우리는 찾을 수 없다.
　20세기 가장 위대한 악기 연주자 중 한 명을 들라고 한다면 나는 스페인의 첼리스트인 파블로 카잘스(Pablo Casals)를 들고 싶다. 그가 왜, 그리고 어떻게 해서 위대한 연주자가 되었을까? 그것은 그가 남들보다 훨씬 많은 연습을 했기 때문이다. 그러한 사실을 알게 해주는 증거로 그는 97세의 나이로 눈을 감는 그날까지 새로운 곡을

연주할 계획을 세웠을 뿐만 아니라, 연습까지 했다는 사
실이다.

"선생님은 세계 최고의 피아니스트이신데 왜 여든이
지난 지금도 매일 3시간 이상씩 연습을 하십니까?"

"연습을 하면 아직도 내가 조금씩 실력이 느는 것을 느
낄 수 있거든요."

유명한 피아니스트인 루빈스타인 역시 평생 연습을 게
을리하지 않았던 사람이다. 그를 만든 것도 결국은 엄청
난 연습과 노력임을 알 수 있다. 그는 다음과 같은 말을
했다.

"하루를 연습하지 않으면 자기가 알고, 이틀을 연습하
지 않으면 동료가 알고, 사흘 연습하지 않으면 청중이 안
다."

어느 날 한 여성이 그에게 찾아와 다음과 같은 질문을
했다고 한다.

"선생님처럼 피아노를 잘 쳤으면 좋겠어요."

루빈스타인은 미소를 지으면서 다음과 같은 대답을 해
주었다고 한다.

"매일 6시간에서 8시간씩 집중해서 피아노 연습을 하십시오. 이러한 집중된 노력을 열정을 갖고 계속하면 당신의 꿈은 실현될 것입니다."

모든 천재는 평균적인 노력과 연습과 훈련을 하는 남들보다 백 배 이상으로 더 노력하고, 더 연습하고, 더 훈련한 사람이기 때문이다. 미켈란젤로와 같은 천재들과 거장들이 그렇게 위대한 인물이 되기 위해 얼마나 많은 노력을 기울였는지를 우리는 미켈란젤로의 이 같은 말을 통해 한 번 더 확인해볼 수 있다.

"내가 지금의 경지에 이르기 위해 얼마나 열심히 일하고 또 일했는지 사람들이 안다면 내가 하나도 위대해 보이지 않을 것이다."

그의 이 말을 통해 보면, 천재들은 결국 훈련과 연습을 통해 만들어지는 것에 불과하다. 남들보다 더 빨리 시작하고, 남들보다 더 많이 연습하고 훈련하고, 그리고 그것을 중단하지 않는다면 누구나 천재로 도약할 수 있고, 자신을 넘어설 수 있다.

『카네기 인간 경영 리더십』에서는 집중적으로 단련하

는 것만이 천재를 낳는 비결임을 잘 말해주고 있다.

　　에릭슨 박사는 또 만 20세를 기준으로 조사한 결과, 최
고 수준의 연주자들은 10,000시간 이상, 조금 낮은 기
량을 보인 연주자들은 7,500시간을 연습했다는 통계를
얻어 연습시간과 기량의 상관관계를 보여주었다. 21세
기 최고의 바이올리니스트들이 악기를 다루기 시작한
평균 연령은 5세지만 국내 수준의 연주자들은 평균 8세
부터 연습했다는 것이다. 집중적으로 단련하는 것만이
천재를 낳는다.

　　실력과 연습시간은 비례하다는 사실은 연습과 노력이
실력을 낳고, 천재를 만든다는 사실에 대한 좋은 근거가
되어준다.

# 천재들은 모두

# '도약의 순간'을 경험했다

'천재'라 불리는 사람들이 날 때부터 천재였던 것은 아니다. 주어진 환경의 차이야 있겠지만, 누구나 비슷한 능력을 갖고 있다. 천재들은 인생의 어느 지점에선가 '도약의 순간'을 체험함으로써 천재의 영역으로 들어선 것이다.

그리고 그 '도약의 순간'은 그냥 기다리고 있다고 찾아오는 것은 아니다. 천재들의 공통점은 의식적으로, 그리고 방법적으로, 나아가 전략적으로 '도약할 기회'를 잡았다는 것이다.

『도약의 순간』의 저자 사이토 다카시는 말했다. 그의 말대로 모든 천재는 타고난 천재가 아니기에 날 때부터 천재였던 것이 아니다. 의도적인 노력과 훈련과 엄청난 인풋을 통해 결국 천재가 되는 순간이 있었던 것이다. 그것이 바로 천재로 '도약하는 순간'이다.

독서를 수천 권이나 수 만권을 하게 되면, 어느 순간에 액체인 물이 기체로 끓으면서 성질이 완전히 바뀌듯, 자신의 의식과 사고의 수준이 한 차원 다르게 임계점을 돌파하는 순간이 있다. 나의 저서『48분 기적의 독서법』에서도 주장한 바다. 수많은 위인이 모두 엄청난 집중 독서를 통해 다른 차원으로 올라섰다. 보통 사람의 의식과 사고 수준에만 머물러 있던 사람이 어느 순간에 독서의 임계점을 돌파하게 되어 이른바 '도약'하게 된 것이다.

그런데 어떤 사람은 많은 책을 읽어도 이런 도약의 순간을 경험하지 못하게 되지만, 다른 사람들은 도약의 순간, 즉 독서의 임계점을 돌파하게 되는 순간을 경험하게 되는 차이가 비롯되는 것은 독서할 때 걸린 시간과 읽은 독서의 양과의 관계 때문이다. 즉 1,000권의 책을 평생 꾸준히 조금씩 읽은 사람은 마치 물을 끓일 때 80도나 90도 정도로만 온도가 높아지다가 멈추는 상황을 반복하는 것과 같다. 물의 비등점인 100도가 될 때까지 집중적으로 끓여야 물도 끓게 되는 것처럼 독서 역시 오랜 시간을 두고 여유 있게 하는 것이 아니라 집중적으로 해야 의식과 사고의 빅뱅 현상이 일어나 도약하게 된다.

아마도 이와 유사하게 천재들 역시 이랬을 것이다. 의식적이고 집중적인 노력과 훈련을 통해 도약을 순간을 경험한 사람들은 천재의 반열에 오를 수 있지만, 조금이라도 혼신의 힘을 쏟지 않고 의식하지 않은 채 그저 연습만 하는 사람은 실력도 늘지 않으므로 탁월한 수준까지 오르지 못한다.

양적인 축적은 질적인 변화를 이끌고 질을 향상시킨다. 나이 마흔이 다 될 때까지 제대로 독서를 해본 적이 없었던 평범한 직장인이었던 나도 처음에는 한 권의 책을 독파할 때까지 너무나 오랜 시간이 걸렸고, 너무나 힘이 들었다. 하지만 독서한 양이 100권이 되고, 1,000권이 넘어갈 때에는 책 한 권을 독파하는 것이 밥 먹기보다 쉬워졌다. 그리고 결국 1만 권의 책을 3년 만에 독파하자 그다음부터는 몇 초 만에 책의 본질과 내용을 다 꿰뚫어 볼 만큼 독서의 고수가 되었다. 어떤 책은 그 책의 내용 중에 80%가 이미 다른 수많은 이미 읽은 책들에 나와 있는 내용인 경우도 있어서, 책을 읽을수록 더 많이 읽을 수 있고, 더 빨리 읽을 수 있고, 더 쉽게 이해할 수 있고, 더 잘 이해할 수 있게 된다.

양적인 축적이 결국에는 어떤 분야이건 질의 향상과 변화를 이끌 수밖에 없다. 추사 김정희를 살펴보면 이러한 사실을 더욱더 명확하게 알 수 있다. 붓글씨에 관한 한 따라올 사람이 없다는 추사 김정희를 만든 것은 그가 기울인 엄청난 노력과 훈련이다.

"평생 벼루 열 개를 갈아 닳게 했고(구멍 냈고), 천 자루의 붓을 다 닳게 만들었다."

김정희가 친구 권돈인에게 보낸 편지에서 말한 것처럼, 그는 남들보다 백 배, 천 배 더 연습하고 노력했던 것이다. 그리고 그 결과 그가 연습한 방대한 양이 질의 도약으로 이어졌던 것이다.

천재는 타고난 재능이 아니라 엄청난 양의 연습과 노력으로 만들어진다. 그리고 그 과정에서 반드시 수반되는 것이 자신의 실력이나 의식이 한 단계를 뛰어넘는 '도약의 순간'을 경험하는 순간이다.

공부를 하다 보면 몰랐던 것, 이해하지 못했던 것 때문에 오랫동안 고민하고 사색했던 적이 생기게 마련인데, 이때 오랫동안 몰랐던 것에 대해 명쾌한 이해를 함으로써 알게 되면 머리가 깨치는 순간을 경험하게 된다. 이러한 순간보다 '도약의 순간'은 너무나 황홀하고 신비로운 것이다. 알 속에 있던 참새가 알을 깨고 나오는 그 순간과 같다. 그전과 후의 상태가 얼마나 큰 차이인가?

재능(talent)이라는 말의 어원을 살펴보면, 고대 그리스에서 '달란트'라는 말로 사용되었다. 이 말은 물의 무게를 재는 단위다. 무게에 따라 각각 20~36 킬로그램 사이의 용기인데, 이 측정 단위가 나중에는 화폐 단위로 바뀌게 되었다. 그래서 1달란트의 가치는 노예를 수십 명, 정확히는 20명을 살 수 있는 정도의 가치였다고 한다.

그래서 20명의 노예를 살 수 있는 사람은 보통 사람들에게는 없는 뭔가 특별한 것을 누릴 수 있고, 얻을 수 있는 재산이 있다는 말에서 시작되어, 그 개념이 변하면서, 18세기에 들어와서는 '솜씨 없고', '특별한 재능이 없는'을 뜻하는 '재능이 없는(talentless)'이라는 단어로 사용되기 시작했다.

그리고 이제는 '어떤 특정 분야에 대한 능력이 있는 사람'을 말할 때, 재능이란 표현을 사용하고 있다. 하지만 어떤 특정 분야에 대한 능력은 태어날 때부터 타고난다기보다는 스스로의 노력과 훈련을 통해 성취해야 한다. 그런 점에서 천재들은 모두 그러한 재능을 성취하게 되는 '도약의 순간'을 경험한 사람들일 뿐이다.

"천재들은 재능을 타고난 사람들이 아니라, 재능을 성취하게 되는 '도약의 순간'을 경험한 사람들일 뿐이다."

평범한 사람들은 여전히 자신의 내면에 무엇이 숨어 있는지 모르는 사람일 뿐이다. 그리고 천재들은 모두 자신의 내면에 무엇이 숨어 있는지를 찾아내어 알고 있는 사람이다. 어니스트 헤밍웨이의 말처럼 말이다.

"자신의 내면에 무엇이 숨어 있는지는 아무도 모른다. 스스로 그것을 찾아내려고 하지 않는 한 알 수 없다."

천재가 되는 길은 자신의 내면에 무엇이 숨어 있는지를 찾아내는 것이다. 우리의 내면에는 과연 무엇이 숨어 있을까? 이제 독자 여러분의 차례다. 우리 내면에 숨어 있는 것을 찾아내어 자신을 풍요롭게 만들어 보자 그것이 최고의 인생을 살아가는 방법이다. 이러한 사실을 잘 말해준 프리드리히 니체의 말을 살펴보자.

동일한 일에서도 어떤 사람은 그것으로부터 한두 가지 정도밖에 이끌어내지 못한다. 그러면서 그것은 능력의 차이에서 온다고 여긴다. 사실 사람은 어떤 대상물에서 무엇인가를 이끌어내는 것이 아니다. 그 대상물에 의해 촉발된 자신 안의 무언가를 스스로 찾아내고 이끌어 가는 것이다. 결국 풍요로운 대상물을 찾을 것이 아니라, 자신을 풍요롭게 만들어야 한다. 그것만이 자신의 능력을 높이는 최고의 방법이며, 인생을 풍요롭게 사는 방법이다.

그의 말대로, 자신의 능력을 높이는 최고의 방법은 자신 안의 무엇인가를 찾아내고 이끌어가는 것이다. 그것은 능력의 차이에서 오는 것도 아니면, 다른 대상물에서 이끌어내야 하는 것도 아니다. 자신 안에서 이끌어내야만 하는 것이다. 그것을 이끌어내어, 자신을 풍요롭게 만든 순간이 바로 '도약의 순간'이다.

# 평범함에서 탁월함으로

# 도약해야 할 필요성에 대해

우리는 지금까지 평범한 사람들이 탁월한 천재로 도약하는 원리에 대해서 살펴보았고, 수많은 천재들을 연구했고 분석했고 살펴보았다. 그래서 이제 우리들은 이 책을 통해 천재들이 먼 나라의 도달하기 힘든 인간이 아니라 스스로의 노력을 통해서 얼마든지 도달할 수 있고 만들어갈 수 있는 우리와 똑같은 인간에서 시작한다는 사실을 확실하게 깨달았다.

그렇다면 왜 우리는 굳이 평범하게 살고, 평범하게 직장을 다니거나 일을 하면서, 평범하게 만족하면서 행복하게 살 수 있는 길을 버리고 탁월한 천재가 되어야 할 것인가에 대해 고민을 해봐야 한다.

왜 평범한 당신에게 1%의 법칙이 필요한 것인가? 왜 당신에게 이 책은 평범함에서 벗어나 탁월해지라고 주문하는 것일까?

이러한 질문에 대해서 나는 두 가지 정도의 이유를 제시하고 싶다.

첫 번째 이유는 우리가 살아가야 하는 사회는 점점 더 '승자 독식 사회(Winner Take All Society)'로 흘러 가고 있기 때문이다. 이 세상은 우리가 싫어하든 좋아하든 1등만을 기억한다. 그리고 그것뿐만이 아니라 1등이 2등보다 몇 십 배 혹은 몇 백 배 더 많은 명예와 부와 권력과 인기를 독차지 하게 된다. 1등을 하면 전부를 얻게 되고, 2등을 하면 전무를 얻게 된다. 이제 우리가 살아가는 사회는 20:80 사회가 아니라 1:99의 사회로 치닫고 있다. 이것이 엄연한 사실이다.

아무리 열심히 일을 하고, 돈을 벌고, 절약을 한다해도 삶은 갈수록 팍팍해져 간다. 그것은 당신이 99%의 평범한 인물이기 때문이다. 반면에 놀면서도, 자기가 하고 싶은 것을 하면서도, 풍요롭게 돈 걱정 없이 살아가며 멋진 세상을 살아가는 사람들이 있다. 그 사람들은 1%의 탁월한 인물이기 때문이다.

올림픽에서 금메달과 은메달의 차이는 불과 먼지 하나 차이이다. 하지만 금메달 리스트는 은메달 리스트가 얻게 되는 부와 명예보다 몇 십 배 혹은 몇 백 배 더 많이 얻게 된다.

스포츠뿐만이 아니라 모든 분야에서 이런 불평들은 갈수록 심해지고 있다. 그리고 우리들에게 가장 민감하게 피부에 와 닿는 것은 바로 소득불평등이다. 빈익빈 부익부 현상은 갈수록 심화 되고 있다. 그래서 누군가는 연봉이 3조에 이르고, 누군가는 연봉이 거의 제로인 것이다.

승자와 패자, 평범함과 탁월함 사이에 격차가 벌어지는 현상은 분명 어제오늘의 일은 아니다. 이미 오래 전부터 이러한 격차는 벌어지기 시작했다.

약 100년 전 영국의 경제학자 앨프리드 마셜은 이런 현상에 대해 다음과 같이 구체적으로 표현한 바 있다.

> **뛰어난 재능을 가진 사람들의 소득이 올라가기 때문에 중간 정도의 재능을 지닌 사람들의 소득이 상대적으로 떨어지는 것이다. 중간수준의 유화가 이렇게 싸게 팔렸던 것이 없고, 일류 화가의 그림이 이렇게 고가로 팔린 적이 없었다.**

1등이 아니면 살아남을 수 없는 탁월한 승자들만의 세계에서 당신은 2등에 머물러 있을 것인가? 아니면 이 책에서 소개된 수많은 천재들처럼 도약을 할 것인가? 날로 양극화가 심각해지고 있는 이 시대에 어제와 별반 다를 바 없는 자신의 모습으로 오늘을 살아간다는 것은 가장 미친 짓임을 우리는 알아야 한다. 세르반테스의 유명한 돈키호테의 말처럼 말이다.

"미쳐 돌아가는 세상에서 가장 미친 짓은 꿈은 포기하

고 현실에 안주하는 것이다. 이룩할 수 없는 꿈을 꾸고, 이루어질 수 없는 사랑을 하며, 싸워 이길 수 없는 적과 싸움을 하고, 견딜 수 없는 고통을 견디며 잡을 수 없는 저 하늘의 별을 잡아라."

우리가 천재로 도약하는 삶을 살아야 하는 두 번째 이유를 나는 우리 자신의 보다 나은 삶에 초점을 맞추어 말하고 싶다. 우리가 평범한 상태에서 벗어나지 못한 채 평생 살아가는 삶이 결코 탁월한 상태로 도약을 하여 살아가는 삶보다 더 편하거나 더 쉽거나 더 재미있거나 더 유익하거나 더 즐겁거나 더 가치 있거나 더 좋은 삶이 결코 결코 아니기 때문이다.

오히려 평범한 상태에서 평생 일을 하면서 살아가는 삶보다 탁월한 상태로 도약을 하여 탁월한 삶을 살아가는 것이 훨씬 더 재미있고, 훨씬 더 즐겁고, 훨씬 더 편하고, 훨씬 더 쉽고, 훨씬 더 유익하고 훨씬 더 가치 있고 훨씬 더 좋은 삶이라는 사실을 새롭게 자각해야 한다.

천재로 도약하는 길이 자칫 힘들고 어렵고 오랜 시간 동안의 인내와 노력을 요구하는 거칠고 삭막한 길이라는 이미지를 받을 수 있다. 하지만 이것은 가장 큰 오해이다. 오히려 천재의 길을 살펴보면 평범하게 살았던 사람들보다 더 재미있고, 더 신나고, 더 유익하고, 더 즐겁고, 더 부요하고, 더 가치 있고, 더 의미 있는 삶이었다는 사실을 우리는 이해해야 한다.

위대한 천재 작가 스티븐 킹은 『유혹하는 글쓰기』에서 자신이 글을 쓰는 진짜 이유는 쾌감 때문이라고 밝혔다.

> **내가 글을 쓴 진짜 이유는 나 자신이 원하기 때문이다. 글을 써서 주택 융자금도 갚고 아이들을 대학까지 보냈지만 그것은 일종의 덤이었다. 나는 쾌감 때문에 썼다. 글쓰기의 순수한 즐거움 때문에 썼다. 어떤 일이든 즐거워서 한다면 언제까지나 지칠 줄 모르고 할 수 있다.**

우리가 생각하는 어렵고 복잡한 물리학이나 생물학을 공부하여 노벨상을 수상한 탁월한 천재들은 평범한 사람들이 대학교를 졸업하기 위한 학점을 따기 위해 물리학이나 생물학을 버겁게 공부하면서 지긋지긋했던 것과 달리 평생 물리학을 가지고 놀았다는 사실을 우리는 이해해야 한다. 평범한 사람에게는 모든 것이 힘들고 버겁지만, 탁월한 수준으로 도약하게 되면 힘들고 버거운 것도 즐겁고 재미있는 것으로 변하게 된다는 사실을 우리는 알아야 한다.

양자전기역학의 재규격화이론을 완성한 연구 업적으로 1965년 노벨 물리학상을 받은 리처드 파인만)은 다음과 같은 말을 했다.

"내가 하려는 일이 핵물리학의 발전에 얼마나 기여하는가는 중요치 않다. 문제는 그 일이 얼마나 즐겁고 재미있느냐다."

페니실린을 발견하여 수많은 사람들의 목숨을 살려 노벨상을 수상한 영국의 생물학자인 알렉산더 플레밍(Alexander Fleming)은 미생물을 연구한다고 하지 않았다. 그것을 가지고 논다고 말했다.

"나는 미생물을 가지고 논다네, 어느 정도 이 놀이에 익숙해지고 나서 그 규칙을 깨뜨려보면 다른 사람들은 생각조차 못 한 새로운 것을 알아낼 수 있지."

화가인 모리츠 에셔 역시 고난이도의 예술 작업을 신나고 즐겁게 즐겼던 것임을 알 수 있다.

"나의 작업은 예술이 아니라 놀이에 가깝다."

창조성을 빛낸 사람들의 13가지 생각 도구에 대해 잘 설명을 해 주고 있는 책인 『생각의 탄생』에 보면 천재들은 일을 놀이로 생각할 정도로 평범한 사람들이 상상도 못 할 정도로 즐기면서 했다는 사실을 알게 된다.

내가 하는 일은 놀이에 가깝다. 내가 빈둥거리며 소일을 하는 것 같지만, 거기엔 반박할 수 없는 확실성이 있다. 이를테면 고의적으로 2차원과 3차원, 다시 말해 평면과 공간을 뒤섞어보는 일이라든지 중력을 무시하는 일은 크나큰 기쁨이다.

'바닥이자 천장'이 있다는 것을 진정 믿을 수 있는가?

계단을 걸어 올라갈 때, 실제로는 올라가면서 내려오고 있다는 것을 깨달을 수 있는가? 절반의 계란이 절반의 빈 껍질이 아니라는 것은 사실인가?

평범함에서 벗어나 위대해지고 탁월해지는 것이 훨씬 더 힘들고 어려운 것이 아니라 훨씬 더 즐겁고 재미있는 것이라는 사실에 대해 세계적인 경영 컨설턴트인 짐 콜린스도 『좋은 기업을 넘어 위대한 기업으로』에서 설명한 적이 있다.

강의를 하던 중에 어떤 학생이 그에게 "왜 제가 꼭 위대한 회사를 만들어야 하는 거죠? 전 단지 성공하고 싶을 뿐이라면 어쩌죠?"라는 질문을 던진 적이 있었다. 그 질문을 받고 짐 콜린스는 말문이 막혔다. 성공만 하면 되지 위대한 회사를 만들거나 위대한 인물이 되고 싶거나 그럴 필요성을 못 느끼는 사람들이 적지 않다는 것이다.

이렇게 위대한 천재로 도약하는 것에 대해 거부감을 느끼고, 그 필요성을 못 느끼는 사람에 대해서 짐 콜린스는 위대하고 탁월해지는 것이 더 어렵거나 더 고통스러운 것들을 요구하거나 심한 노동을 요구하는 것은 절대 아니라고 주장했다. 동시에 위대하고 탁월한 기업들은 능률을 높이면서도 삶을 획기적으로 단순화하게 되며, 그러한 단순 명쾌함에는 상상도 못 하는 즐거움과 기쁨이 숨어 있다고 말했던 것이다.

사실, 이 책 전체의 포인트는 이 연구 결과를 우리가 이미 하고 있는 일에 '덧붙여' 스스로를 훨씬 더 과로하게 만들어야 한다는 것이 아니다. 오히려, 우리가 하고 있는 일의 많은 부분이 정력 낭비에 지나지 않는다는 걸 깨닫게 하는 것이다. 우리가 만일 우리의 작업 시간을 이 원칙들의 적용을 바탕으로 하여 재조직하고 그 밖의 모든 일들을 대부분 무시하거나 중단한다면, 우리의 삶은 더 단순해지고 우리의 성과는 크게 증진될 것이다.

평범한 삶을 살아가면, 세상은 결코 호락호락하지 않다. 비좁은 공간에서 아등바등하며 버텨야 하고, 힘겨운 나날이 이어진다. 하지만 만약 천재의 경지로 도약하고, 탁월함과 위대함을 갖춘다면 어떨까? 같은 일을 하더라도 진정으로 즐기고, 그것을 놀이처럼 다룰 수 있게 된다. 그리고 그런 과정 속에서 평범한 수준에서는 상상조차 할 수 없었던 엄청난 부와 명예, 인기와 혜택, 그리고 보상이 주어진다.

더 쉽고, 더 즐겁고, 더 편안하고, 더 재미있는 삶. 그런 삶을 사는 방법은 의외로 단순하다. 적당히 사는 것이 아니라 끊임없이 도전하며 천재로 도약하는 삶을 선택하는 것이다. 천재의 법칙이 주장하는 바는 명확하다.

"천재도 결국 우리와 같은 인간이며, 우리 역시 천재가 될 수 있다."

이 단순한 진리를 깨닫는 순간, 우리는 더 이상 자신의 한계를 운명이라 여기지 않게 된다.

천재는 1%의 보기 드문 끈기를 가진 사람들이다. 하지만 여기서 말하는 끈기는 억지로 참고 견디는 고통스러운 끈기가 아니다. 그것은 진정으로 신이 나서 즐기고, 재미있게 몰두하며, 자연스럽게 포기할 수 없는 끈기다.

이 세상에 존재했던 그 어떤 천재도 하기 싫은 일을 억지로 하면서 위대한 업적을 남긴 사람은 없었다. 그들은 자신이 사랑하는 일에 미친 듯이 몰입했던 사람들이었다. 그리고 그 몰입의 본질은 즐거움과 단순함이었다. 그렇기 때문에 누군가의 강요로는 결코 천재로 도약할 수 없다.

자신의 내면의 소리를 듣고, 진정으로 원하는 것을 발견하며, 그 세계 속으로 자신을 온전히 던져야 한다. 그래야만 도약과 발전이 가능하며, 마침내 꽃을 피우고 열매를 맺을 수 있다. 천재란 재능이 아니라 태도의 문제다. 스스로 선택하고, 몰입하고, 즐기는 사람만이 결국 남다른 삶을 살 수 있다.

## 끈기와 몰입이 기적을 만든다

"꽃봉오리가 열리고 보잘것없는 것으로부터 위대한 것이 태어나는 인생의 정점에서, 하나는 둘이 된다. 늘 우리의 내부에 존재하지만 보이지 않았던 이 위대한 모습은 대각성을 촉구하며 지금까지의 내게 정면으로 맞서 떨쳐 일어난다."

카를 구스타프 융의 말처럼, 우리는 모두 평범하고 보잘것없는 존재로부터 위대한 존재로 거듭나기 위해 지금까지의 자신과 정면으로 맞서 떨쳐 일어나야 한다. 그러한 맞섬과 떨쳐 일어남은 이내 곧 끈기를 요구하고, 끈기가 있을 때 비로소 꽃봉오리가 열리게 된다.

천재들은 타고나는 것이 아니라 습관을 통해 만들어지고 창조된다. 즉 인류의 1%에 해당하는 천재들은 모두 지칠 줄 모르는 열정과 에너지로 1%에 해당하는 보기 드문 끈기를 가지고 있는 사람이지, 능력이나 재능이 남다른 사람은 아니었다.

남다른 끈기를 가지고 자신이 하는 일을 집요하게 파고들며 엄청난 양의 창작 활동을 하는 사람들의 성공비결은 하면 할수록 우리는 더 빨리 할 수 있고, 더 많이 할 수 있고, 그리고 무엇보다 더 잘할 수 있기 때문이다.

처음에는 위대한 천재들의 작품을 그대로 흉내 내는 것으로 시작하지만 10년 후에는 그 작품을 능가하는 더 위대한 작품을 만들어 낼 수 있는 것이 인간의 잠재력이다. 이러한 잠재력은 결국 끈기에서 비롯되고, 끈기로 완성된다.

끈기가 없는 사람치고 위대한 천재가 있었던가?

끈기가 없는 사람은 절대 위대한 천재가 될 수 없을 뿐만 아니라 그 어떤 성과나 작품도 만들어내지 못한다. 끈기가 없는 사람은 절대로 천재가 될 수는 없다. 천새는 남들보다 훨씬 뛰어난 끈기를 가지고 있는 사람이다.

"성공한 보통 사람은 천재가 아니다. 평범한 자질을 갖추고 있었을 뿐이다. 그러나 그 평범함을 비범하게 발전시킨 사람이다"라고 말한 미국의 대통령이었던 루스벨트의 말대로, 평범함을 비범하게 발전시킨 사람이 천재이므로, 천재는 끈기를 가지고 있어야만 하는 것이다.

구본형 변화경영전문가의 말로 시작했으니, 그의 말로 끝맺어도 좋을 것 같다.

"위대한 사람들은 꼭 성공한 사람들이 아니다. 그들은 반드시 한때 세상에서 이해받지 못하는 고독과 고통을 겪는 창조적 부적응자들이기도 하다. 아름다움을 위해 죽고, 진실을 위해 죽는 세속의 실패자들이기도 하다. 나는 이 책(깊은 인생)에서 성공을 말하려 하지 않았다. 나는 평범한 인간 속에 살고 있는 위대함에 대해 말하려 했다. 자신의 삶 속에서 그 위대함을 끄집어내 가장 자기다운 인생을 살아가게 된 평범한 사람들, 스스로 자기 자신의 별이 된 사람들, 나는 그들의 이야기를 들려주고 싶었다."

그의 말처럼 내 역시 타고날 때부터 천재였던 사람들에 대해 이야기하고 싶었던 것이 아니다. 처음에는 평범했지만 자신의 삶 속에서 그 위대함을 끄집어내 가장 천재적인 삶을 살다 간 이들의 삶의 이야기를 들려주고 싶었다. 그래서 이 책을 읽는 독자들이 모두 자신의 삶 속에서 그 위대함을 끄집어낼 수 있도록 도와주고 싶었다.

구본형 씨의 책을 읽다 보면 말미에 조지프 캠벨의 이야기가 나온다. 늘 흥미진진한 이야기로 자신의 가슴을 흔들어 놓는 위대한 이야기꾼이라고 칭찬도 빼놓지 않는다. 조지프 캠벨의 인생의 구루였던 하인리히 침머가 들려준 인도의 동물 후와 하나가 있었는데, 캠벨은 그 이야기를 자기식으로 전해주었고, 구본형 씨는 그것을 다시 자기식으로 정리하여 나에게 전해주었다. 나는 그 이야기를 내 식으로 다시 정리해보았다.

오랫동안 굶주렸던 암호랑이가 필사적으로 염소 떼를 발견하고 염소 한 마리를 잡기 위해 염소 떼 속으로 뛰어들어 가다가 그만 새끼를 낳게 되었고, 새끼를 낳고 어미 호랑이는 탈진해서 죽어버렸다. 놀라서 도망가던 염소들이 보니 갓 태어난 새끼 호랑이가 어쩔 줄 몰라 울고 있는 것이었다. 불쌍하게 여긴 염소들은 새끼 호랑이를 돌아가며 대신 키우기 시작했다. 그 새끼 호랑이는 말이 호랑이지 염소로 자라게 되었다. 염소처럼 풀을 먹고, 염소처럼 생각하고, 염소처럼 울었던 것이다. 다른 침입자가 나타나면 염소와 똑같이 도망 다니며 염소처럼 행동했다. 태어나서 염소가 먹는 것만 먹었던 새끼 호랑이의 외모도 볼품없는 것은 당연했다.

그러던 어느 날, 커다란 호랑이가 염소 떼를 덮쳤다. 다른 염소들은 다 도망갔지만, 새끼 호랑이는 만날 풀만 먹었으므로 제대로 뛰어 본 적도 없는 그런 상태였기에 금방 호랑이에게 잡혔다. 큰 호랑이가 잡고 보니, 새끼 호랑이였던 것이다. 큰 호랑이는 놀라서 물었다.

"뭐야, 너 호랑이였어?"

"메에에...."

새끼 호랑이의 대답은 염소의 대답과 똑같았다. 큰 호랑이는 염소 흉내를 내는 새끼 호랑이를 보고 기가 막히고 화가 났다. 호통을 치고, 겁을 줘도, 여전히 새끼 호랑이는 염소 흉내만 내었다. 큰 호랑이는 새끼 호랑이를 냇가로 데려가, 난생처음으로 새끼 호랑이에게 자신의 모습을 볼 수 있도록 했다.

"이것 봐, 너는 염소가 아니라, 나와 같은 호랑이라고. 정신 차리고 이제부터 호랑이는 호랑이답게 살아야 해.

알았어?"

그제야, 새끼 호랑이는 이제까지 자신이 왜 그렇게도 풀을 아무리 먹어도 힘을 낼 수 없고, 아무리 열심히 살아도 여전히 뭔가 부족한 듯한 느낌이 들었는지 깨닫게 되었다. 그리고 곧 그는 큰 호랑이가 사냥하여 잡은 피가 뚝뚝 떨어지는 영양을 한 입 베어 물었다.

처음에는 거부감을 느꼈지만, 고깃덩어리라는 새로운 경험과 깨달음 앞에서 몸이 놀라고 숨이 막혔지만, 그러한 현상은 곧 멈추고, 호랑이다운 포효가 터져 나옴을 막을 수가 없었다. 태어나서 처음으로 내뱉은 호랑이 울음소리였던 것이다. 비로소 새끼 호랑이는 염소라는 과거의 삶에서 벗어나서 자신의 본연의 모습으로 되돌아올 수 있었던 것이다.


우리 인간들은 모두 염소로 살아가는 호랑이이며, 이것은 곧 평범하게 살아가는 비범한 존재들이라는 말과 일맥상통하는 말이다. 호랑이로 살아가기 위해서는 호랑이에게 맞는 먹이를 먹어야 하고, 호랑이의 생각을 가져야 하듯, 비범한 존재로 살기 위해서는 비범한 존재에게 맞는 먹이를 먹, 그것에 걸맞은 생각을 가져야 한다.

하지만 그러한 것들은 일시적으로 한두 번으로 되지 않는다. 그러기에 끈기가 필요하고, 습관이 필요한 것이다.

『탈무드』에 나오는 명언 중에 이런 말이 있다.

"바다를 단번에 만들려 해서는 안 된다. 우선 냇물부터 만들어야 한다."

이처럼 우리가 위대한 업적을 성취하기 위해서 가장 필요한 것은 꾸준한 끈기와 함께 한 단계씩 한 걸음씩 나아가는 꾸준함이다. 모든 천재도 불굴의 노력을 통해, 한 걸음씩 나아가면서 먼저 냇물을 만들고, 강을 만들고, 바다를 만들었다. 그들은 수천 개의 냇물, 수백 개의 강을 만든 후에 비로소 하나의 바다를 만들어 낼 수 있었다. 그 사실을 우리는 잊어서는 안 된다.

"천 리 길도 한 걸음부터"라는 사실은 원대한 꿈을 꾸는 사람, 천재와 같이 위대한 업적을 반드시 이룩해내고자 하는 담대한 도전자들이 반드시 마음에 새겨야 할 금언이다. 욕심내지 않고, 조급해하지 않고, 오랜 시간을 두고 엄청난 연습과 노력을 한다면 당신이 누구이든 당신도 천재가 될 수 있다. 이것이 이 책이 당신에게 해주고 싶었던 단 하나의 말이다.

"연습하면 할수록 더 많은 행운을 얻게 될 것이다.(The more I practice, the luckier I get.)"

전설적인 골프선수 게리 플레이어의 말이다. 연습하면 할수록 우리는 천재가 될 수 있는 확률이 더욱더 높아진다. 결국 연습이 재능을 능가하게 된다. 연습만큼 더 나은 천재가 되는 길은 없다. 연습을 남들보다 백 배 더 많이 한다면 남들보다 더 잘할 수 있다는 사실은 명백한 불변의 진리이다.

'아무리 위대한 일도 열심히 하지 않고 성공된 예는 없다.'라고 말한 미국의 철학자이자 시인인 랠프 월도 에머슨(Ralph Waldo Emerson)은 '모든 일은 연습이 90%다'라는 말도 했다. 그가 말한 모든 일은 천재로 도약하는 일도 포함되고, 위대한 작품을 남기는 일도 포함된다. 그리고 당신이 누구이든 당신이 지금부터 하고자 하는 그 모든 일도 포함된다는 사실을 마지막으로 기억해주기 바란다.

100%의 노력을 하지 않았다면 이 세상에는 그 어떤 천재도 우리가 알고 있는 그런 천재가 될 수 있었던 사람은 한 명도 없을 것이다. 천재가 되지 못한 사람들은 99%의

노력이 전부라고 생각했던 사람들이다. 하지만 천재들은 99%의 노력이나 1%의 노력이란 부족한 노력이라는 사실을 확실하게 알았던 사람들이다. 그들이 1%의 천재가 될 수 있었던 가장 큰 원인은 99%의 노력과 100%의 노력의 차이가 겨우 1%의 노력의 차이에 불과한 것이 아니라는 사실을 잘 알고 있었던 것이다.

결국 심은 만큼 거두는 것이 이 세상 만고불변의 진리다. 이 세상에 공짜 점심이란 없다. 이 세상의 그 어떤 천재라도 남들보다 더 노력하지 않고, 세계적인 수준의 작품을 만들어낸 천재는 단 한 명도 없다. 그들의 눈부신 결과에만 초점을 맞추므로 우리는 그들의 피와 땀과 눈물을 알지 못하는 것이다.

당신이 지금까지 천재가 되지 못한 단 한 가지 이유는 '99%의 노력'이 전부라고 생각했기 때문이다. 이제부터 100%의 노력을 해보라. 반드시 천재가 되고, 거장이 될 수 있을 것이다. 이것이 이 책의 가장 큰 교훈이다.

99%가 될 때까지는 당신이 아무리 천재가 될 인물이더라도 졸작에 불과한 당신의 작품을 참아내고 인내해야 한다. 마지막 1%의 노력이 덧붙여질 때, 당신을 천재로 이름을 날리게 해 줄 걸작이 탄생하게 될 것이기 때문이

다.

"인내를 모르는 천재란 이 세상에 존재하지 않는다. 결국 100%의 인내와 노력이 천재를 만드는 것이다."

그런 점에서 독자들에게 확실하게 전해주고자 하는 한마디는 바로 이것이다.

"천재는 남들보다 1% 더 노력한 사람이다. 그러니 1% 더 노력하라. 성공과 실패의 차이는 1%의 노력의 차이일 뿐이다. 마찬가지로 천재와 둔재의 차이도 1%의 노력의 차이일 뿐이다. 천재가 되고, 거장이 되고 싶다면 1%만 더 노력해보라. 나머지 99%까지 바뀌는 놀라운 체험을 하게 될 것이다."

# 참고문헌

"1,000권을 읽으면 인생이 바뀐다", 이희중의 문학편지, 전북일보, 2003년 8월 27일.

"김정희 필 세한도(金正喜 筆 歲寒圖)", 한국민족문화대백과, 2020년 1월 20일 접속, https://encykorea.aks.ac.kr/Article/E0038956

"나쁜 곡 많이 써야 좋은 곡 나와", 조선일보, 2008년 8월 8일.

구본형(2011), 『깊은 인생』, 휴머니스트.

대니얼 코일(2009), 『탤런트 코드』, 웅진지식하우스.

데이비드 베일즈(2012), 『Art and Fear : 예술가여, 무엇이 두려운가!』, 루비박스.

데이비드 솅크(2011), 『우리 안의 천재성』, 한국방송출판.

로맹 롤랑(2007), 『미켈란젤로의 생애』, 범우사.

로버트 루트번스타인·미셸 루트번스타인(2007), 『생각의 탄생』, 에코의서재.

로버트 H. 프랭크·필립 쿡(2008), 『승자독식사회』, 웅진지식하우스.

마이클 화이트(2003), 『최초의 과학자, 레오나르도 다빈치』, 사이언스북스.

마틴 벤담(2005), 『30분에 읽는 피카소』, 랜덤하우스코리아.

매슈 사이드(2010), 『베스트 플레이어』, 행성B.

박종하(2007), 상상력에 불을 지피는 아이디어 충전소』, 더난.

베르너 지퍼(2010), 『재능의 탄생』, 타임북스.

사이토 다카시(2006), 『도약의 순간』, 가문비.

세스 고딘(2010), 『린치핀』, 21세기북스.

스티븐 쉬프만(2006), 『점심 전에 시작하라』, 좋은책만들기.

스티븐 킹(2017), 『유혹하는 글쓰기』, 김영사.

앤서니 라빈스(2005), 『무한능력』, 씨앗을뿌리는사람.

에릭 마이젤·앤 마이젤(2010), 『뇌내 폭풍』, 예문.

이민규(2003), 『1%만 바꿔도 인생이 달라진다』, 더난출판사.

이재영(2008), 『탁월함에 이르는 노트의 비밀』, 한티미디어.

전창림(2007), 『미술관에 간 화학자』, 랜덤하우스코리아.

정희모·이재성(2005), 『글쓰기 전략』, 들녘.

존 그레이(2004), 『삶의 기적을 일으키는 화성남자 금성여자』, 들녘미디어.

존 그리빈·메리 그리빈(2004), 『나는 물리학을 가지고 놀았다』, 사이언스북스.

존 맥스웰(2012), 『리더의 조건』, 비즈니스북스.

존 버거(1984), 『피카소의 성공과 실패』, 미진사.

존 스튜어트 밀(2022), 『존 스튜어트 밀 자서전』, 종합출판범우.

진 랜드럼(2011), 『열정능력자』, 들녘.

질송 바헤토·마르셀로 G. 지 올리베이라(2008), 『미켈란젤로 미술의 비밀』, 문학수첩.

짐 콜린스(2002), 『좋은 기업을 넘어 위대한 기업으로』, 김영사.

찰스 니콜(2007), 『레오나르도 다빈치 평전』, 고즈윈.

최염순(2005), 『카네기 인간경영 리더십』, 씨앗을뿌리는사람.

캐롤 드웩(2011), 『성공의 새로운 심리학』, 부글북스.

팀 샌더스(2012), 『1만 년이 지나도 변하지 않는 부의 진실』, 비전코리아.

파울로 코엘료(2001), 『연금술사』, 문학동네.

파울로 코엘료(2010), 『브리다』, 문학농네.

하워드 가드너(2004), 『열정과 기질』, 북스넛.

하워드 가드너(2007), 『다중지능』, 웅진지식하우스.

# 천재의 법칙

**초판 1쇄 인쇄** 2025년 2월 28일
**초판 1쇄 발행** 2025년 3월 10일


**지 은 이** 김병완
**발 행 인** 정수동
**발 행 처** 저녁달


**출판등록** 2017년 1월 17일 제406-2017-000009호
**주    소** 경기도 파주시 문발로 142 니은빌딩 304호
**전    화** 02-599-0625
**팩    스** 02-6442-4625
**이 메 일** book@mongsangso.com
**인스타그램** @eveningmoon_book
**유 튜 브** 몽상소

**ISBN** 979-11-89217-45-7    03190


• 저작권법에 의해 보호를 받는 저작물이므로 무단전재와 무단복제를 금합니다.
• 잘못 만들어진 책은 구입하신 서점에서 교환해드립니다.